O DIA EM QUE CONHECI BRILHANTE USTRA

Eu era assim quando fui preso, no dia 4 de setembro de 1973

O DIA EM QUE CONHECI BRILHANTE USTRA

ALEX SOLNIK

GERAÇÃO

Copyright © by Alexander Solnik
1ª. Edição – Outubro de 2024

Grafia atualizada segundo o Acordo Ortográfico da Língua Portuguesa de 1990, que entrou em vigor no Brasil em 2009

Editor & Publisher
Luiz Fernando Emediato

Assistente Editorial
Antonio Emediato

Capa
Alan Maia

Foto da Capa
Eliana Pastore

Diagramação
Giovana Grando

Preparação de Texto
Fernando Castilho

Revisão
Nanete Neves

Dados Internacionais de Catalogação na Publicação (CIP) de acordo com ISBD

S688d	Solnik, Alex
	O dia em que conheci Brilhante Ustra / Alex Solnik. - São Paulo : Geração Editorial, 2024.
	160 p. : 15,5cmx 23cm.
	ISBN: 978-65-88439-15-9
	1. Ditadura militar – Brasil. 2. Tortura – Memórias. 3. Direitos humanos. 4. História do Brasil – 1964-1985. I. Título.
	CDD: 981.063
2024-2525	CDU: 94(81)"1964/1985"

Elaborado por Vagner Rodolfo da Silva - CRB-8/9410

Índice para catálogo sistemático:
1. História do Brasil : Ditadura Militar 981.063
2. História do Brasil : Ditadura Militar 94(81)"1964/1985"

GERAÇÃO EDITORIAL
Rua João Pereira 81 – Lapa
CEP 05074-070 – São Paulo – SP – Brasil
Telefone: + 55 11 3256-4444
E-mail: geracaoeditorial@geracaoeditorial.com.br
www.geracaoeditorial.com.br

Impresso no Brasil
Printed in Brazil

*Para minha mãe,
Raquel Davidson.
Para meu pai,
Borys Solnik.
E para minha namorada,
Eliana Pastore.*

*Sem eles, eu não teria sobrevivido
para escrever este livro.*

Na página à esquerda, o coronel Carlos Alberto Brilhante Ustra, em 1973. Ele era um dos chefes dos centros de tortura e assassinato de pessoas que se opunham à ditadura militar (1964-1985).

> **Nós vamos terminar o serviço que Hitler começou**

De um dos meus sequestradores, na viatura que me levou ao DOI-Codi, enquanto eu estava deitado entre os bancos dianteiro e traseiro

Prefácio

Temporada no inferno

CASSIA JANEIRO*

Este livro relata a prisão, o encarceramento e a soltura do autor na época da ditadura civil-militar, que se instalou no Brasil, mediante um golpe de Estado, em 1964, e só acabou em 1985, 21 anos depois.

Concentra-se nos 45 dias entre 4 de setembro e 19 de outubro, durante o governo do general Emilio Garrastazu Medici. Alex dividiu a cela com um preso político que foi barbaramente torturado.

Quantas palavras são necessárias para mostrar os horrores da ditadura? Difícil responder - mas *O dia em que conheci Brilhante Ustra* usa palavras e silêncios, prosa e poesia pra dar conta de um dos períodos mais sombrios de nossa história. E o faz com maestria.

Difícil parar a leitura a partir do momento em que ela se inicia. O relato é extremamente pungente. Não obstante toda a violência e brutalidade, há pequenos respiros no texto, entremeado por brevíssimos e inusitados trechos de humor, digressões e poesia, o que lhe empresta beleza única, sobretudo quando é amargo, triste ou desesperado. As digressões marcantes não abandonam a narrativa corrente, ou seja, são espaços encontrados que podem fazer uma curva ou outra, sem nunca se desviar do caminho principal.

O texto em primeira pessoa dá uma vida extraordinária ao livro, mesmo quando os fatos não são vividos pelo narrador, mas por seu companheiro de cela. A narrativa não é linear. Ela ganha tons de diário jornalístico quando, por exemplo, da leitura dos fatos ocorridos no Chile (o golpe militar liderado pelo general Augusto Pinochet e a morte do presidente Salvador Allende, e os assassinatos que se seguiram) acompanhados pelos jornais com os quais a mãe inteligentemente embrulhava as refeições que levava para o filho. Há também os momentos de diálogo com quem lê, um convite a participar mais diretamente da história; se toda toda a explanação é construída como quem está compartilhando diretamente a sua experiência, esse trecho em especial "puxa" o leitor para dentro da história, usando a forma para nos levar a experimentar, de maneira profunda e comovente, o conteúdo.

> Eu estou demorando para contar a cena da "cadeira do dragão" para vocês sentirem quanto tempo ela durou, para vocês sentirem a dor que ele sentiu por tantas horas, e olha que eu estou apenas escrevendo, vocês apenas lendo, mas ele está lá, durante esse tempo todo, nu, molhado, amarrado num trono de ferro, cercado de inimigos, levando choque, apanhando, e só paravam de bater quando percebiam que ele estava para desmaiar, então paravam um pouco para ele se recuperar.

Ainda no aspecto da riqueza narrativa, é também muito interessante quando, do nada, de um relato brutal e pungente, nasce um trecho altamente poético. Isso acontece em vários trechos, a exemplo desses: "'Cristo morreu na tortura', disse O.R. quando eu terminei de contar a história. 'E todos aqui estão revivendo os suplícios de Cristo'". São uma espécie de flor que nasce em meio ao lodo, uma "lótus textual":

> [...] eu queria fugir de lá, e como era impossível fugir mesmo, não tem como construir túneis, não dá para envenenar ou corromper os guardas, eu tentava fugir por meio das palavras, que são o mais silencioso e o mais poderoso meio de transporte, elas me levam para onde eu quero, mesmo quando estou quieto, porque a boca está quieta, mas as palavras não precisam da boca, elas navegam no cérebro como os planetas giram no espaço, não precisam de alto-falantes, não param de brotar, sabe-se lá de onde elas vêm, eu nunca descobri quem as sopra para mim [...].

As cenas de tortura do companheiro de cela são o auge da bestialidade. Nessa parte, o relato, muito real, tem um final extremamente eloquente, como se a pessoa torturada não fosse ninguém, nada.

> E disse o seu nome, só o seu nome, nove horas de tortura para dizer o nome, nada mais, nenhuma delação de aparelho ou de militante, estava desmilinguido quando o retiraram da cadeira do dragão, da qual caiu quando foi desamarrado e teve que ser levantado, enquanto a faxineira passava um pano molhado no chão imundo e malcheiroso.

Impressiona também o retrato psicológico dos torturadores como sádicos.

> De volta do segundo andar, O.R. disse que os caras estavam excitadíssimos com as notícias do Chile, esfregando as mãos, esperam lotação

máxima, isso aqui vai ficar pequeno para tanta gente, haja pau de arara, haja cadeira do dragão, o pau vai comer e as palmatórias vão cantar, nada melhor para torturadores que carne fresca para torturar, é o seu alimento, é o seu vício, os caras têm abstinência de tortura, ficam doentes mesmo, muitos acabam os dias em manicômios, a tortura não é só o seu ganha-pão, um pão de ouro, diga-se, é o seu meio de vida, é o seu prazer, só um cara que sente prazer em ver o outro sofrer pode ser um torturador e é uma tortura, para ele, não ter ninguém para torturar, ele espera ansiosamente a sua dose de adrenalina [...].

O livro é um vômito. Nesse aspecto, o narrador reproduz, na forma, a emergência do relato e a ideia de jorro e consegue nos levar aos porões da ditadura. Os torturadores não são tratados como monstros, o que é um aspecto muito positivo. Dom Evaristo Arns, no prefácio de *Brasil nunca mais*, afirma que o torturador pode ser aquele que passa a mão na cabeça do filho do vizinho na rua. Isso dá um caráter humano, profundamente humano, às entranhas sombrias que podem habitar uma pessoa imbuída de um poder quase absoluto sobre a outra. Por isso, é fundamental que tenhamos atenção ininterrupta e completa sobre os meandros da natureza humana e sobre como ela pode se manifestar em sua forma mais infame quando o contexto o permite. O livro é muito bem-vindo para que essa lembrança seja uma cicatriz visível e latente em nossa memória.

* Cassia Janeiro é escritora e educadora, ganhadora do Prêmio Mundial de Poesia Nósside, chancelado pela Unesco, da qual foi consultora, no Timor Leste. Autora de *s filhas de Eva*, *A pérola e a ostra* e *Educação em valores humanos*, entre outros.

Dia 1

Minha mãe abriu a porta do meu quarto abruptamente às seis da manhã. Algo fora do normal tinha acontecido.

"O pai de um amigo seu quer falar com você. Ele está na porta".

Pai de um amigo meu? Eu não conhecia nenhum pai de um amigo meu. O que um desconhecido pai de um amigo meu queria comigo naquela hora tão insólita?

Meio sem raciocinar, mecanicamente afastei o cobertor e, de pijama mesmo, de flanela, pois fazia frio, com aqueles chinelos japoneses de vime, desci os treze degraus da escada.

A pessoa que vi na porta, do lado de fora, me pareceu saída de um comercial de creme de barbear. Cabelos grisalhos, bem barbeado, um rosto simpático. Vestia um paletó de *tweed* e um cachecol amarrado no pescoço. Ou era um lenço? Era, em suma, a figura de um cara agradável, elegante, que não me pareceu oferecer qualquer ameaça.

"Bom dia", disse ele (a voz também era agradável). "Desculpe incomodar a essa hora... meu filho saiu com você ontem à noite e ainda não voltou para casa... estou preocupado... você tem ideia de onde ele pode estar"?

Fiquei meio confuso. Eu não tinha saído com ninguém na noite anterior. Estava no meu quarto. E aquele pai não tinha cara de quem estava preocupado com o sumiço do filho.

Eu poderia ter dito "o senhor está enganado, eu não saí com ninguém ontem à noite, passar bem". Ou poderia ter perguntado quem era aquele suposto amigo meu, filho dele. E aí eu lhe diria que não conhecia ninguém com aquele nome. E fecharia a porta na sua cara.

Mas, talvez movido pela minha curiosidade de repórter (que eu ainda não era, mas queria ser), resolvi desvendar o mistério e lhe disse, como qualquer pessoa civilizada a um pai aflito (embora não me parecesse aflito):

"O senhor quer entrar ou prefere que eu saia"?

"Prefiro que saia", disse ele.

No segundo passo que dei em direção à calçada, dois caras, que estavam escondidos atrás da mureta, pularam em cima de mim. Um deles estava com uma metralhadora e gritou:

"É você mesmo, seu filho da puta"!

O outro deu um soco no meu estômago.

Um terceiro me pegou pelo braço, enquanto os dois primeiros invadiram a minha casa e subiram até o meu quarto.

Fui conduzido até a esquina, a cinco metros e enfiado no banco traseiro de uma viatura C-14, cor creme, sem placas. Engraçado, eu estava muito calmo. Não disse uma palavra, não chorei e meu coração não bateu mais forte. Nada.

Pelo para-brisa eu tinha uma visão da ladeira íngreme e comprida da rua Caiubi, que desembocava na rua Monte Alegre. Vi um pedaço do sol nascendo. Alguém passava de bicicleta na linha do horizonte. Eu pensei como seria bom se aquele cara da bicicleta fosse eu. E ele estivesse no meu lugar.

Meus pensamentos se esvaíram quando os dois caras que invadiram minha casa chegaram à viatura, nervosos.

"Estão aqui as provas, seu filho da puta", gritou um deles, esfregando na minha cara três publicações: *Maravilhas do Conto Russo*, uma coletânea de escritores do século XIX, um exemplar da *Revista da Civilização Brasileira* com o título de uma reportagem sobre a Igreja Progressista e um jornalzinho do DCE-Livre da USP.

Eu quase comemorei! Se aquelas eram as provas contra mim, eu não tinha nada a temer. O que eu temia mesmo era que eles abrissem as latas de filmes empilhadas no meu quarto. Mas...ufa! Não abriram. O resto eu tiraria de letra. Fiquei mais calmo do que já estava.

Antes da viatura sair, porém, vi o primeiro sinal de que as coisas não seriam tranquilas como eu imaginava. Colocaram na minha cabeça um capuz preto, sem buracos. Só conseguia enxergar meus pés. E mandaram que eu me deitasse entre os bancos.

Começou assim, para mim, o dia 4 de setembro de 1973.

Evidente que eu não perguntei, e eles também não me disseram, aonde iam me levar. Provavelmente a viatura tenha subido a rua Caiubi, atravessado a avenida Sumaré, cruzado a Franco da Rocha, a Homem de Mello, a Monte Alegre e, na Cardoso de Almeida dobrado à direita, em direção à avenida Doutor Arnaldo.

Na altura das bancas de flores, encostadas no muro do Cemitério do Araçá, um dos meus sequestradores falou para mim:

"Hitler não terminou o que começou... nós vamos completar o serviço dele"!

Eles sabiam quem estavam sequestrando. E eu comecei a saber quem me sequestrou.

A viatura estacionou, me mandaram descer, mas não tiraram meu capuz. Me levaram a um salão que me pareceu muito grande por causa do eco dos gritos que eu ouvia. Mandaram me sentar num banco de madeira. Não disseram nada, nem eu perguntei. Fiquei sentado, de capuz. Apesar de todo o clima de filme de terror, eu não estava assustado. Me senti como quando entro num avião: agora estou na mão de vocês, não há nada que eu possa fazer. Se o avião cair, caiu e não posso fazer nada, pensei.

Logo depois, dois caras se sentaram no banco em que eu estava, um de cada lado. Começaram a me xingar de filho da puta e outros palavrões. Eu fiz que não ouvia. Ao mesmo tempo em que me xingavam, puxavam os pelos do meu peito. Eu estava de pijama. Fiquei quieto, nem um ai soltei. Nem um "para de fazer isso". Deram socos nos meus ombros, na minha cabeça. Não reagi. Até que desistiram.

Eu não tinha noção de há quantas horas estava sentado. Só sabia que eram muitas porque minhas nádegas doíam. Nunca tinha passado tanto tempo sentado, de capuz, num lugar desconhecido, cercado de filhos da puta e sem nenhuma explicação.

Para aliviar a dor, que se tornava insuportável, comecei a colocar em prática uma ideia que tive na hora. Em vez de me sentar com as duas nádegas no banco, eu sentava em cima da direita, enquanto a esquerda descansava. E depois, vice-versa. Aliviava a dor e ajudava a passar o tempo.

A certa altura, pedi para ir ao banheiro e nem assim tiraram meu capuz! Um cara me levou. Eu só enxergava meus chinelos. Chegando a um lugar que me pareceu um galpão, ouvi gritos típicos de um jogo de sinuca. Um dos jogadores achou divertido colocar o taco na minha frente quando eu passava e, é claro, tropeçava. Ele e os outros morriam de rir dos meus tropeços. Não reclamei. Sabia que seria pior.

Não sei se me deixaram sentado tantas horas no escuro, ouvindo gritos terríveis, para me apavorar ou se estavam ocupados demais com outros sequestrados que haviam chegado antes de mim.

Já estava na hora do jantar, quando me levaram escada acima. Entrei numa pequena sala, tiraram meu capuz e, pela primeira vez pude enxergar. Era uma salinha separada de outra por uma parede de eucatex. Havia só uma mesa, duas cadeiras e um armário.

O cara que me recebeu era alto, magro e tinha um rosto retangular, ossudo, com olhos quase saindo das órbitas. Sentou-se e me advertiu com voz ameaçadora (tudo nele era ameaçador):

"Se não disser a verdade, olha o que vou colocar nos seus dedos". E mostrou uma caixa preta, com dois fios descascados e uma manivela.

Ele abriu um caderninho de capa verde que eu reconheci: era minha agenda de telefones e endereços. Perguntou, um a um, quem eram as pessoas da agenda.

"Quem é Ruth Escobar", perguntou.

"Produtora de teatro. Dona de teatro. Tem um teatro com seu nome".

"Por que está aqui"?

"Fiz um documentário para ela sobre uma peça chamada *A Viagem*.

"Não minta! Se mentir, já viu!"

O interrogatório continuou.

"Conhece o Davi da TV Cultura?"

"Conheço."

Só alguns dias depois entendi o significado dessa pergunta.

Voltei ao banco de madeira. Ora me apoiava na nádega esquerda, ora na direita.

Ainda era noite quando me levaram ao que entendi ser um quintal. Agora, sem máscara, eu estava caminhando ao lado de um cara que me pareceu mais humano que os outros. Pela primeira vez tive coragem de questionar meu sequestro.

"Vocês estão cometendo um grande erro", eu disse. "Eu não sou de nenhuma organização política."

O cara não ficou bravo. Apenas parou, e com toda a tranquilidade disse, olhando nos meus olhos:

"Você é o *Hippie* da AP! E nós vamos provar"!

Fiquei quieto. *Hippie* eu até parecia, tinha cabelos longos, barba..., mas nem sabia o que era AP. E como eles iam provar que eu era quem não era?

Entramos numa cela em que havia apenas um colchão sobre o chão de tacos de madeira e alguém em cima do colchão. Tinha uns nove metros quadrados. O cara que me acompanhava agachou-se e perguntou ao que estava deitado, apontando para mim:

"Conhece esse aqui?"

O outro quase não conseguia falar. Apenas balbuciou: "não".

"Você fica aqui" ordenou o cara que me trouxe à cela. "Dorme no colchão com ele. Amanhã a gente vê um colchão pra você".

Assim que o policial saiu, meu novo companheiro pediu que o ajudasse a ir ao banheiro. Ele mal conseguia se levantar e mal conseguia ficar em pé, pois estava muito machucado. Nas palmas das mãos e nas solas dos pés havia sinais evidentes de ferimentos, mas as feridas internas só ele podia sentir.

Era um cara mais velho que eu (eu tinha 24 anos), talvez na casa dos 30, um rosto miúdo, um bigode fino e não mais de 1 metro e 60 de altura. Eu, que sou baixinho, me sentia alto perto dele. Quase um gigante.

Apoiado no meu braço ele caminhou lentamente até aquilo que chamavam de banheiro, na verdade um cubículo estreito contendo uma pia, um cano de água fria improvisando um chuveiro e uma latrina à guisa de privada.

"Quem é o cara que me trouxe até aqui?" perguntei.

"Brilhante Ustra".

Dia 2

Acordei na manhã seguinte esperando despertar daquele pesadelo. Não podia ser verdade o que estava acontecendo comigo, mas acordei mesmo é com as batidas do carcereiro na grade, avisando que estava servindo um café com leite, aguado, é claro, e um pãozinho de anteontem, ajudado por um sujeito sequestrado, que eu acho que é a definição mais correta para quem estava ali.

Quem me visse por fora acharia que eu estava completamente calmo e conformado com aquela situação inédita e altamente perigosa, e é claro que eu não podia transparecer minha revolta, pois já tinha visto na véspera o que acontecia com quem se revoltava.

Ouvi, através do capuz, um cara reclamar por estar apanhando, chegando a soltar um palavrão, quando imediatamente veio a ordem:

"Leva pra solitária!"

Mas, quem me visse por dentro saberia que eu estava vivendo várias emoções desencontradas. Àquela hora eu deveria estar tomando café na cozinha da minha mãe, depois meu *Karmann-Ghia* verde limão me levaria até à Cidade Universitária, onde tinha aulas importantes naquele dia e não podia faltar, afinal, uma aula do Paulo Emílio Salles Gomes não era coisa para se perder. Eu deveria estar andando naqueles corredores da Escola de Comunicações e Artes, sorrindo para meus amigos, falando mal de quem não gostava, e não ali, impotente, esperando o carcereiro estender a xícara de café, sequestrado de dentro da minha casa, eu que não recebi nenhuma informação a não ser aquela frase do Brilhante Ustra:

"Você é o Hippie da AP e nós vamos provar!"

Não sabia de onde eles tiraram essa ideia maluca de que eu era guerrilheiro, e, sobretudo alguém chamado "Hippie". Talvez estivessem procurando alguém parecido comigo, chamado "Hippie". Podia ser, porque a barba confunde. Se você olha para dois caras de barba, dependendo do tamanho da barba, eles ficam quase gêmeos. Não sabia se o Brilhante Ustra inventou na hora aquela história para me apavorar, mas, porra, eles invadiram minha casa, meu quarto, sem ordem judicial, era evidente, a Justiça era eles!

Viram como minha biblioteca era pobre em livros comunistas, aliás, não havia nenhum porque nunca fui com a cara do comunismo. Vivi no tempo de Stalin, não preciso de livros para contar o que aconteceu, pois vi na minha casa, na minha família. Então não existe guerrilheiro sem ter na biblioteca um manual do Marighella, ao menos, algum livro do Régis Debray, alguma foto do Che Guevara. E nada disso eles encontraram. Foi uma comédia no meio do meu sequestro quando o sequestrador mostrou para mim o que tinha apreendido: uma antologia do conto russo de autores do século XIX, como prova do meu esquerdismo. Se minha vida não estivesse em risco eu teria rido na cara dele, teria explicado, aos risos, que esses contos não conscientizam o povo contra a classe dominante, são "apenas" joias da literatura mundial que ele deveria ler, mas se eu fizesse isso, levaria um soco no estômago ou na cabeça, pois os caras não costumavam debater com palavras, mas com gestos.

Então me calei, fiz uma cara de quem foi flagrado cometendo um crime hediondo. Aquela cena me deu um certo alívio, pois, se a maior prova que eles tinham era aquele livro, era óbvio que eles se enganaram. Pensei, vão me levar, tudo bem, não posso fazer nada contra, mas logo vão se tocar que eu não tenho culpa no cartório, e eu vou voltar à minha vidinha normal, à casa dos meus pais, aos encontros à tarde, com minha namorada, no meu quarto, aos debates com os colegas sobre os enquadramentos do Glauber, em meio a dúzias de *Steinhegger* e sabe-se lá o que mais, mas se até agora não me soltaram, se me fizeram passar um noite aqui, mesmo sabendo que eu só lia clássicos da literatura russa e não Engels e Marx, é porque eles devem ter alguma carta na manga, sei lá. Então fiquei me perguntando (porque não podia perguntar pra ninguém) se eles acharam mais alguma coisa no meu quarto que não mostraram e, quem sabe, o livro inofensivo era só para eu pensar que eles não tinham provas contra mim. Daí, comecei a imaginar as latas de filmes empilhadas ao lado da mesa do escritório, se eles as abriram, viram o que tinha nelas, pegaram e as esconderam de mim porque assim me dariam o xeque-mate. Temos uma prova contra você mais grave do que imagina, mas não vamos mostrar agora, vamos deixar você apodrecendo no DOI-Codi e, quando você estiver bem podre, bem velhinho de barbas brancas, ai sim, vamos revelar a prova final, a prova cabal dos seus crimes, imaginei.

Eu pensava tudo isso enquanto molhava o pãozinho dormido no café com leite, olhando para aquele homem que o destino tinha colocado na minha frente, tão fraco que, em vez de esperar que ele se levantasse para pegar o café, decidi levar até ele. O homem, então, conseguiu levantar a cabeça, encostar-se à parede e, aos poucos, sem dizer palavra, consumiu o conteúdo da xícara de gole em gole, com uma certa elegância, até, sem reclamar da vida. Eu tentava adivinhar, como era meu costume, o que ele estaria pensando naquele momento. Sempre me intrigou saber se a pessoa que está dizendo para mim que eu devo atravessar a rua, está pensando mesmo em me ajudar ou deseja que eu seja atropelado. O que ela estará pensando?

Olhava aquele cara muito frágil, muito diferente de mim, que não estava certamente pensando na sua mãe, na sua namorada, nos seus colegas da faculdade, mas sim, nos caras do seu grupo que estavam em liberdade e que deveriam estar sendo caçados a uma hora daquelas, não por algo que ele dissera, porque não disse nada, mas nunca se poderia saber o que os outros disseram. Com a delegacia lotada, também deveria estar pensando nas próximas sessões de tortura, o que fariam com ele e se aguentaria. Claro que deve estar pronto a aguentar, pois a ordem dele para ele mesmo é não ceder, é não permitir que mais pessoas passem pelos mesmos sofrimentos.

Logo depois do café chegou o médico, examinou suas feridas na sola dos pés, nas palmas das mãos, perguntou se estava sentindo alguma dor (e precisava perguntar?), passou uma pomada qualquer e deu um Melhoral. Mas o interessante é que o médico estava tão envolvido naquela organização clandestina, tão coeso com os objetivos, que disse para o seu paciente que os remédios de que ele dispunha eram paliativos e não resolveriam muita coisa. A única solução para ele seria confessar seus crimes, entregar outros militantes, porque só confessar não bastaria. Ele iria continuar sendo supliciado, pois, além de confessar era imperativo dar nomes, já que a máquina de tortura sempre demanda carne nova.

"Estou falando como teu amigo", disse o médico. "Jurei na formatura que ia salvar vidas e é o que estou tentando fazer. Quero salvar tua vida, mas você deve saber que a salvação depende mais de você do que de mim e só você pode se salvar, só depende da sua boca. Se começar a falar, os instrumentos de tortura vão se calar, tudo vai parar para ouvir você, caso contrário, não posso garantir nada e ninguém pode garantir, nem o presidente da República, porque quem cai aqui dentro não tem anjo da guarda. Nem o presidente manda aqui dentro, quem manda é o Brilhante Ustra e sua equipe, pois ele tem carta branca, autonomia total, foi escalado para aniquilar os comunistas e, quanto mais comunistas aniquilar, mais será promovido, homenageado e badalado. Eu não concordo com os métodos dele, mas não dê a ele o gosto de aniquilar você, porque ele não tem nada a perder, mas você pode perder a vida. Não é um bicho de sete cabeças, só as tuas palavras podem te salvar."

Pouco depois que o "médico" foi embora, o carcereiro veio buscar O.R. (vou chamá-lo só pelas iniciais), ainda trôpego, ainda não recuperado da sessão da véspera, para mais um interrogatório. Mas não fiquei muito tempo sozinho na cela, pois depois o mesmo carcereiro me levou até uma biblioteca formada pelos livros apreendidos. Não me lembro exatamente porque me levou lá, mas me lembro de terem perguntado o que fui fazer em Israel (onde estive dois anos antes) e alguém dizer, com sarcasmo:

"Você deve ter lido tudo isso no original!"

Pobre criatura. Claro que não respondi nada, pois já tinha percebido que naquele lugar quanto menos falar, melhor, porque tudo poderia ser usado contra mim. Então não comentei nada, mas deu vontade de dizer que saí, ou melhor, fugi da Ucrânia aos oito anos, mudei para a Polônia, onde me esforçava para não aprender o polonês, mesmo as línguas sendo parecidas (o russo, porque na Ucrânia se falava russo, e o polonês), mas eu, teimoso, chorava nas aulas porque não conseguia, ou não queria conseguir, falar ou escrever em polonês. Daí, imagina o que aconteceu quando cheguei ao Brasil. Aprendi o português em algumas semanas, mas esqueci o russo quase completamente. Não poderia, aos oito anos, ter lido no original aquela coleção de livros apreendidos. E, como aprendi depressa o português, na mesma velocidade em que esqueci o russo, nunca poderia tê-los lido. Alguma coisa do Marx até tentei algumas vezes, mas logo começava a achar muito chato. Não era minha literatura preferida, pois sou mais Federico Garcia Lorca e Fernando Pessoa. Mas, para quê discutir com madame? Deixei barato, deixei o cara acreditando que sim, li tudo no original, não só uma vez, foram várias leituras e, em consequência, o conteúdo daqueles livros invadiu minha mente, me dominou, me escravizou, e desde então eu fazia tudo o que eles mandavam Era um robô da revolução.

Depois da parada na biblioteca, o carcereiro me levou para uma sala, me mandou sentar numa cadeira, sem dizer mais nada e, como já falei (e se não falei, falo agora), fazia parte do jogo do terror economizar informações, não dar nenhuma, nunca dizer à vítima onde ela está, por que está e o que vai acontecer com ela no minuto seguinte. Um teatro muito bem ensaiado, onde eles eram atores, mas a vítima vivia um drama real, não podia sair de cena, não podia mudar as falas, nem seu papel.

Não entendi o que eu estava fazendo ali, sozinho, sentado e olhando para a porta, como o carcereiro mandou. Imaginei que um torturador entraria a qualquer momento, porque tinha chegado a minha vez na fábrica de tortura. Não fazia nenhum sentido olhar para uma porta que tinha somente um pequeno espelho retangular, sem que nada acontecesse.

Só que não aconteceu nada mesmo. Alguns minutos depois (ou horas, tanto faz), o carcereiro me pegou de volta, não me explicou nada, e eu não perguntei nada, porque sabia que ele não diria, e ainda por cima poderia me dar um safanão. Voltei para a minha cela. Nesse meio tempo já tinham colocado mais um colchão e eu não teria mais de dormir pés com cabeça com O.R., como na primeira noite. Ele ainda não tinha voltado da tortura, e eu fiquei ali sozinho, só com meus pensamentos, pensando que eu talvez estivesse num livro do Kafka, num mundo absurdo e estranho como a peça do diretor norte-americano Bol Wilson, encenada no Teatro Municipal, que tinha visto, com dezoito horas de duração, com cenas horripilantes, em que um ator, metido dentro de uma fantasia de tartaruga, tinha que atravessar o palco lentamente, sem dizer nada, é claro, só fazendo aquilo, atravessando lentamente o palco de um lado a outro durante um tempo absurdo, minutos ou horas. Ao ver aquilo, quase saltei do balcão para o pescoço do diretor, porque para mim era tortura, não teatro. Enfiar um ator dentro de uma fantasia de tartaruga e fazê-lo atravessar o palco parecia mais tortura da Inquisição. Imaginava a sensação do ator dentro daquele figurino. Como devia estar suando, como devia estar se sentindo humilhado. Tinha passado por todas aquelas fases, estudou teatro, se formou, fez peças e mais peças, talvez alguns filmes, treino de voz, tudo isso e mais alguma coisa, e, depois de passar por tudo aquilo, vem um diretor tido como "genial" (naquele tempo ninguém precisava ser gênio para ser chamado de "genial"), e o enfia dentro de um casco de tartaruga. Daí, espera o diretor lhe entregar seu texto, só que não há texto. O diretor diz que ele tem que se arrastar no palco o mais lentamente possível e, quanto mais lentamente, mais será consagrado, festejado, premiado e nunca mais será esquecido pelos amantes da arte do teatro. Quando eu via o cara executar essas ordens, a única coisa que eu pensava era que o diretor era um ditador, ele iria receber os louros, manchetes, críticas entusiasmadas, seria carregado nos ombros até ao alto do Olimpo, enquanto o cara da tartaruga iria pra casa tomar um banho e então banhado, dormiria sozinho, feliz, sem uma nota de rodapé nos jornais, mas com o ego satisfeito porque participou daquilo que iria ser falado por muitos anos.

Dia 3

Eu estava naquela que era a minha posição favorita, sentado no "meu" colchão, encostado na parede do fundo, o mais longe possível das grades, talvez para que não percebessem que estava onde estava, para que talvez assim me esquecessem, para que talvez, ficando sentado ao fundo, não me chamassem para ir ao segundo andar, que era o que eu mais temia. A qualquer hora isso podia acontecer, do dia ou da noite, pois lá não tem hora, é 24 por 24.

Já era o meu terceiro dia ali, fazia frio e eu não tinha tido coragem ainda de me colocar embaixo daquele cano que eles chamavam de chuveiro, de onde saía água fria. Ainda bem que eu tinha vindo de pijama de flanela, mas ganhei uma malha azul, bem quente, que meus sequestradores apanharam para mim no dia do meu sequestro. Então, de vez em quando passava pela minha cabeça a ideia de tomar banho, mas logo matava a ideia, pois fazia um frio do cacete. E tinha mais uma coisinha, a toalha. Eu não tinha toalha, nem os caras forneciam, pois pensa o quê, que é hotel? Cada um se virava como podia, se enxugava com uma camiseta, sei lá, improvisava, pois o brasileiro é rei do improviso, se vira em qualquer situação, pro brazuca não tem tempo ruim, se não tem tu, vai com tu mesmo, quem não tem cão, caça com gato, e por aí vai. E eu tive a infeliz ideia, já não lembro se fui eu mesmo, ou se foi O.R., mas o que garanto é que as pessoas que habitavam as seis celas daquele pequeno quintal ficaram sabendo que eu precisava de uma toalha para tomar banho. Alguém perguntou se podia emprestar, se alguém podia ajudar, acho que foi O.R., num dos raros momentos em que não estava no segundo andar, porque eu não tinha essa intimidade toda para pedir uma toalha. Só que a consequência disso, foi, alguns minutos depois, aparecer o carcereiro na frente do X-5.

Ele já tinha uma puta duma cara de malandro, mas dessa vez estava mais irônico do que nunca. Suas sobrancelhas mostravam ironia e seus olhos se divertiam com tudo aquilo. Me estendeu alguma coisa e disse que os camaradas do X-1 tinham mandado a toalha que eu pedi.

"Pega, vai tomar banho, é toda sua, gostou da cor?".

O que eu vi na sua mão foi mais um pano de chão totalmente molhado que uma toalha. Reclamei em voz alta, mas nem precisava porque a cela deles estava perto da minha. Daí, os caras do X-1 caíram na gargalhada, acharam engraçado mandar um pano de chão em vez de toalha. Cada um se diverte como pode.

Continuei sem banho, sentado no "meu" colchão, encostado na parede, e pensando sem parar, claro, porque todo mundo pensa sem parar o tempo todo, mas uma coisa é pensar quando você está numa zona de conforto, previsível, quando sabe que depois da aula tem o recreio, depois do recreio, outra aula, e depois você vai pegar o ônibus ou o carro e, previsivelmente, vai almoçar. Os pensamentos em situações assim são leves, discretos, silenciosos (dá para falar consigo mesmo em voz baixa ou alta, embora ninguém possa ouvir), banais e também previsíveis, mas quando te jogam num abismo, os pensamentos mudam de figura, por isso, a primeira coisa que sempre pensava é sobre o que fiz de errado, o que fiz de errado para me trazerem para cá, não conseguindo encontrar um motivo. Não podia ter sido por culpa minha, pois não fiz nada para eles e, embora em pensamento odiasse o governo militar, lógico, não os odiava em particular. Por que me trouxeram para cá?

Os pensamentos numa situação como a minha pareciam bombas que explodiam uma contra a outra, me fazendo pensar no que estaria fazendo minha namorada. Pensava, se um dia vou sair daqui, se me sequestraram sem motivo aparente algum (a não ser pelas latas de filmes) podem desaparecer comigo também sem motivo algum, pois eles não precisam de uma razão, estão motivados e energizados para acabar com quem eles quiserem, e eu não posso fazer absolutamente nada, a não ser tentar me esconder no fundo da cela. Aí, quem sabe me esquecem.

Quando O.R. voltou de mais uma sessão de tortura, compartilhei com ele minhas dúvidas e temores, e ele procurou me tranquilizar.

"Você vai sair logo, você não deve nada".

"Mas não vejo ninguém sair", eu disse. "Todo mundo que chega fica."

"Não, não é assim", ele disse. "Te levaram para uma sala com um espelho, não levaram? Onde você ficou sentado sozinho um tempão, não é? Pois é, enquanto você estava sentado do lado de fora, foi visto por todo mundo que está preso aqui. O espelho que você viu de dentro, lá fora é uma janela, todo mundo te viu e ninguém reconheceu, por isso eu estou dizendo que você vai sair logo, Ninguém te conhece, por isso também você está na cela comigo, porque todos os outros me conhecem e eu conheço os outros. Ou você é tão importante que ninguém conhece, ou não é nada. Talvez eles estejam investigando essa hipótese de você ser um chefão acima de todos."

Aí eu disse pra ele que estava preocupado com as latas de filmes, mas ele não conseguiu responder porque o carcereiro veio correndo, pois tinham chamado O.R. de novo ao segundo andar. Isso, de o cara acabar de voltar do interrogatório (tortura) e ser chamado de novo, podia acontecer, pois, de repente, alguém podia ter contado alguma coisa de um jeito e ele de outro. Por isso, era preciso checar.

Dia 4

Não tenho o que dormir
o sono não me quer
a noite me esqueceu
a estrela se perdeu
numa manhã qualquer
sem ter aonde ir

Os gritos de pavor
os ais a percorrer
o frio corredor
e os homens que sem paz
não podem socorrer
as vítimas do amor

Não há o que sonhar
a noite se assustou
com tanta dor no ar
fechou-se e negou
qualquer explicação
até o sol chegar

Dia 5

O doutor veio saber
se estou melhor.
Estou.
Então já podem torturar,
ele não disse
mas pensou

O remédio do doutor
já vem com a próxima dor
incluída

Dia 6

Eu não ficava menos angustiado por ficar sozinho na cela a maior parte do tempo, enquanto O.R. estava no segundo andar, pois a qualquer momento eu também podia ser chamado para confirmar o que ele disse, e além disso me preocupava demais a condição dele, esse negócio de ele ser torturado dia sim, dia não, tão franzino que parecia aquele Severino do João Cabral de Melo Neto, igualzinho.

Eu não queria ser testemunha de um assassinato, não só isso, eu não queria que ele fosse assassinado, só que eu não podia impedir e esse era mais um dos pensamentos sombrios que me ocorriam e, talvez por isso, sei lá, a gente nunca sabe o motivo real de nada, cismei, de repente de fazer poesia. Não sei como começou, pode ser que uma palavra tenha caído na minha cabeça, ou brotou dela, e dessa palavra veio outra e mais outra e então eu percebi que seria melhor pensar em rimas do que se vou ser torturado daqui a pouco ou não. Fazendo rimas, eu me ocuparia só com palavras, poesias talvez ingênuas, rimas pobres, pois precisava distrair minha cabeça, embora fosse impossível tirar das minhas retinas o que eu via de cinzento, em frente, e em todos os lados. E eu não queria fechar os olhos, precisava vigiar, ouvir, perceber, pelo barulho das chaves, se o carcereiro estava vindo cantar meu nome.

Era impossível não ver e ficar deprimido olhando aquele muro em frente à cela, minha única visão e nada mais. Precisava tirar minha cabeça dali para não explodir, porque não encontrava respostas para meus mais sinistros pensamentos. Era melhor passar o dia fazendo rimas, também para impedir pensamentos que a todo custo queriam me nocautear, queriam me fechar todas as saídas. "Caí numa armadilha e não há quem me tire daqui". Fazer rimas me trazia a uma certa normalidade, porque nada do que eu vivia ali era normal, nada daquilo, nenhum daqueles rostos, especialmente os rostos, mas também a mobília, aquelas mesas e aquelas estantes, todas testemunhas. Os telefones, o rádio, tudo era anormal. Olhava para aquelas pessoas que pareciam normais porque não torturavam. O carcereiro, por exemplo, não torturava, mas eu olhava para a cara dele e via a cara do Brilhante Ustra, olhava a cara do sujeito aparentemente inofensivo sentado na porta, só com a missão de aumentar o volume do rádio quando os gritos eram altos demais, e via a cara do Brilhante Ustra. Era igual ao Brilhante Ustra. Todos eles tinham a cara do Brilhante Ustra. Eles se olhavam no espelho e viam Brilhante Ustra.

Dia 7

O.R. voltou para a cela um trapo, parecendo uma folha ao vento e, assim que recuperou um pouco o fôlego contou que tinha resistido mais uma vez, sem dizer nada, nem seu nome (tinha sete).

"Não falo com torturador."

Por mais incrível que pareça, quebrado daquele jeito, dolorido, ele é que me tranquilizou dizendo que eu ia sair logo, que por enquanto estava incomunicável, mas depois iriam quebrar a incomunicabilidade e tudo iria melhorar. Era, sobretudo, otimista, mas também muito consciente de que escapara de mais uma morte, mas que outra morte o esperava amanhã, ou dali a pouco. Então se deitou, naquele cubículo em que só dava para ficar de pé ou deitado no colchão. Acho que tentou cochilar, mas eu não deixei.

Aquelas perguntas que eu fazia para mim mesmo, quando não fazia poesia, fiz para ele: por que estou aqui há tantos dias se eles já sabem que meu único livro subversivo é uma coleção de contos de Tolstói? Aqui dentro ninguém me conhece, então não dá para entender, por que perdem tanto tempo comigo se eu não tenho nada a dizer. Eles precisam de informações, não vindas de um cara desinformado e desenturmado como eu, então só poderia haver uma razão para não abrirem minha vaga...

Ia dizer qual era a razão, quando o carcereiro, que agora eu já sabia que se chamava Alemão (claro, um nome de araque como todos os outros, pois ninguém que "trabalhava" ali usava seu nome verdadeiro e nem era o mesmo cara lá de fora), anunciou (como O.R. tinha previsto), que eu não estava mais incomunicável, que podia pedir encomendas de casa, e que meus pais já sabiam que eu estava ali.

Fiquei muito empolgado e logo de cara pedi duas coisas: "papel e lápis!"

Claro, o que eu tinha em mente era anotar as poesias que já tinha feito, queria escrever outras no papel e não na cabeça como fazia, mas o Alemão riu na minha cara.

"Isso aí não pode!"

Aqueles caras jamais iriam imaginar que eu queria papel para escrever poesias. Para eles, eu poderia mandar mensagens para outras celas, mas resolvi não discutir com o Alemão, pois não adiantaria dizer que era para poesia, afinal, ordens eram ordens e, se a ordem era proibir papel e lápis, então estava proibido e não tinha como não ser, nem que fosse para escrever cartas de amor. Além disso, não adiantaria nada um lápis se não tivesse um apontador, o que, definitivamente, era carta fora de questão por ser objeto cortante. Por isso, pedi roupa, escova de dentes, pasta, sabonete e, finalmente, uma toalha de banho seca. Ou duas? Pedi duas, e também tudo em dobro, para dar também pro O.R., que não tinha parentes em São Paulo. Quando o carcereiro foi embora, O.R. me olhou com aquela cara de "eu não disse?". Nem tudo está perdido, pensei. Algumas coisas boas acontecem e outras podem acontecer.

O presidente Allende pouco antes de morrer

Minha mãe me enviou comida embrulhada no jornal do dia 12 de setembro de 1973. Assim eu qual o presidente Salvador Allende morreu. Foto AFP.

soube do golpe militar no Chile e do bombardeamento do Palácio de la Moneda, dentro do

Dia 8
(manhã)

Por volta das 11 da manhã, quando começaram a circular, de cela em cela, as famigeradas marmitas, comi. Comi, não. Só dei uma colherada e já achei intragável, algo tão ruim que era melhor passar fome que comer aquela mistura não identificada que continha, não se sabe, muito salitre para acalmar os instintos (se é que alguém conseguiria pensar naquilo numa conjuntura como aquela). O jeitão era muito parecido com aqueles pedaços de carne do *Encouraçado Potemkin*, habitados por moscas, pendurados no varal do convés. Pedaços de carne que, mesmo que filme não tenha cheiro, dá para sentir que cheiram mal. Comida de porco.

Justo nessa hora, vi que o Alemão se aproximava da minha cela com uma sacola em cada mão. Só quando girou a chave na fechadura e me entregou as duas sacolas, me dei conta de que eram para mim. De repente, ele me pareceu um Papai Noel, em sua carruagem conduzida pelas renas, carregada de presentes. Já não era mais o cara que levava outras pessoas até o segundo andar, onde, eu sabia, não havia lugar para fracos. Já não era mais o cúmplice que tangia o gado para o matadouro sem querer saber o que acontecia com o cara depois. Mais tarde, ele pegaria o cara de volta ou, quando não, seria porque alguma coisa teria dado errado, ossos do ofício. Teriam que sumir com o corpo ou arranjar um atestado de óbito convincente, pois, matar podia, o que não podia era deixar saberem que eles tinham matado o cara, um pacto de silêncio implícito em que ninguém viu nada. Daí, o mesmo cara que todos os dias e, às vezes, mais de uma vez por dia, conduzia O.R. e o entregava aos cães raivosos, agora entregava nas minhas mãos duas sacolas grandes. Mas eu não tinha pedido tantas coisas... O Alemão explicou, daquela vez explicou, que minha mãe tinha trazido comida para mim, sem saber que não podia. Tinha sido barrada de cara, mas não aceitou o "não" (minha mãe nunca aceitava o "não"), não teve medo dos caras, mas, ao contrário, advertiu os caras de que era comida do regime macrobiótico que eu seguia, ordens médicas, e que, se deixasse de seguir poderia sofrer consequências terríveis e que, é claro que eles seriam acusados se eu, seu filho, passasse mal e tivesse que ser internado. E, de tanto falar, tanto argumentar, sem gritos (porque a minha mãe não gritava, já que seu lema sempre foi resolver os problemas "só por bem"), eles se renderam, abriram uma exceção e agora eu estava ali, diante de duas sacolas de feira que abri logo que o Alemão se mandou.

Numa delas encontrei os objetos que pedi, cobertor, calça, camiseta, escova de dentes, sabonete. Então abri a segunda sacola onde havia uma panela e um pote grande de vidro, tudo embrulhado em jornal, pois papel jornal conserva o calor (minha mãe pensava em tudo). Desembrulhei rapidamente os dois recipientes e, quando vi o jornal, quase não acreditei porque ele era do dia anterior, quentinho, e não era qualquer jornal, mas o *Jornal da Tarde*, o melhor de todos, onde eu tinha trabalhado dois anos antes.

Fiquei muito feliz por alguns momentos, pois quem não ficaria ao receber duas notícias excelentes de uma vez? A boa comida de casa e um ótimo jornal fresquinho. Mas minha alegria desapareceu quando li a manchete garrafal e trágica: "Allende suicidou-se ontem com um tiro na boca no Palácio de La Moneda, segundo dois repórteres do jornal *El Mercúrio*, que entraram no palácio e viram o corpo reclinado no sofá no meio de uma poça de sangue".

Também fiquei sabendo que, às 11h52, aviões *Hawker Haunter* bombardearam o palácio, que pegou fogo e ficou parcialmente em ruínas, e que às 14 horas o exército invadiu, quando, segundo outra versão, Allende teria disparado um tiro de metralhadora contra o queixo. Porém, de acordo com uma terceira versão, o presidente do Chile teria sido executado.

Puta merda, logo o Chile, a democracia mais consolidada da América do Sul, a Suíça das Américas, exemplo para todos os latino-americanos?! Logo o Chile, para onde fugiram os brasileiros perseguidos pela ditadura, um oásis de tranquilidade?! O que será deles agora?

As notícias chocantes davam conta de que aviões jogaram bombas no Palácio de La Moneda, onde Allende e seus principais assessores ficaram entrincheirados, cada qual com seu fuzil, sua metralhadora, numa luta desigual, pois os inimigos tinham bombas e tanques. Ainda não se sabia se mataram Allende ou se ele se matou, mas a democracia chilena morreu.

"Pior para nós", foi o que O.R. disse quando voltou do segundo andar e leu o jornal no "banheiro", o único lugar de onde o carcereiro não nos podia ver. "Isso só vai fortalecer a ditadura brasileira, os chilenos vão caçar brasileiros e o Brasil vai caçar chilenos è a barra aqui dentro também vai ficar mais pesada Que merda, vai sobrar para nós, isso aqui vai lotar, ditadores unidos jamais serão vencidos e daqui a pouco vão querer saber se eu tenho ligações no Chile, e eu tenho!" Continuou O.R.. "Mas não vou contar para eles, nem meu nome contei até agora"

Ele dizia aquilo "nem meu nome contei até agora" e eu me perguntava até quando ele ia aguentar, pois ninguém nunca sabe qual é o seu limite. A corda vai esticando sem nunca se saber de antemão se vai ficar mais esticada ou se vai arrebentar.

Dia 8
(tarde)

Tal como acontecia com todos os nossos parentes e com aqueles que a experimentaram, O.R. ficou deslumbrado com a comida, macrobiótica de araque, mas que tinha sim, alguma coisa de macrobiótica. Eu, de fato, estava tentando perder a barriga na época, e para isso passei a comer arroz integral, aveia, mingau de farinha de arroz, mesmo não tendo consultado nenhum médico para fazer isso, pois estavam na moda comida natural, amor natural, viver em comunidade. Em casa, minha mãe não gostava disso porque achava que eu estava ficando magro demais, que onde já se viu não comer carne, mas na hora do aperto, na hora em que seu objetivo era me alimentar, ela achou esse gancho, a dieta macrobiótica, para convencer os caras (e convenceu), embora tenha mandado arroz integral, mingau de farinha de arroz, mas também *jarkoia*, um cozido de carne de boi com batata, além de chucrute.

Nossa, foi uma festa!

Pode parecer absurdo haver momentos felizes naquele cenário sombrio, mas garanto que foi o momento de maior felicidade. Imagina O.R., que há tanto tempo se alimentava com aquilo que eu descrevi um pouco antes, e, de repente, recebe em domicílio uma comida cinco estrelas! Juro que não estou exagerando, pois minha mãe poderia ter sido uma grande *chef*, poderia ter sido o que quisesse, tal a sua inteligência, a sua argúcia. Tinha mãos de ouro, dedicação e paciência, acordando às cinco da manhã para cozinhar, antes de sair para o trabalho. As festas em casa eram banquetes, com parentes "brigando" para serem convidados. Chegavam encomendas e, por isso, minha mãe poderia ter tido um restaurante, quem sabe, o Chez Rachel, que teria sido um sucesso porque ela teve sucesso em tudo.

Quando nosso banquete terminou, notei que havia um resto de mingau de farinha de arroz no fundo do pote de vidro. Fiquei olhando aquilo e pensando em como estava a minha mãe, coitada, tão forte e ao mesmo tempo tão frágil, minha mãe que me salvou da morte aos sete anos, pois peguei escarlatina e o único remédio só existia nos Estados Unidos, o inimigo figadal da União Soviética. Não havia mais o que fazer, eu definhava, o sistema de saúde soviético jogou a toalha, mas ela não. Foi pedir de joelhos ao seu irmão, em Odessa, o irmão médico legista, George. E George tinha um amigo médico nos Estados Unidos que mandou o remédio que me salvou. Devo minha vida aos três, ao remédio, à minha mãe e ao meu tio.

Fiquei pensando na minha mãe naquele momento, ela que, de um dia para outro, perdeu todos os pelos do corpo, assim, tudo de uma vez. Meu pai era mais tranquilo, mas ela era nervos à flor da pele e, claro que ninguém fica tranquilo se o filho está num matadouro. Os dois deveriam estar atônitos e desorientados e, mesmo assim, tendo que fazer aquelas coisas de todo dia, cozinhar, limpar a casa, trabalhar, fazer compras, como se tudo estivesse bem. O que me preocupava, ainda por cima, era eles pensarem que eu era criminoso, que me sequestraram porque fiz alguma coisa muito errada, e que seria uma vergonha para a nossa família.

Eu pensava em tudo isso quando apanhei um fósforo queimado (um daqueles que o Alemão nos fornecia) e rabisquei uma frase no fundo do pote de vidro sobre o resto do mingau de farinha de arroz: "Sou inocente."

As duas vozes que estavam dentro de mim, falando o tempo todo, uma dizendo para ir para um lado, e vice-versa, discutiram por muito tempo se eu deveria escrever no fundo do pote. Uma voz dizia "jamais faça isso, pois pode ser descoberto se eles examinarem a louça que vai ter que devolver, e aí é claro que eles vão se vingar, pois é uma prova de que você está numa prisão clandestina, uma denúncia material que não terá perdão. Vão, só para começar, esfregar sua cara no fundo do pote até apagar a frase e depois partir para a ignorância."

A outra voz dizia "deixa de ser covarde, faça uma boa ação para tua mãe, pois ela vai ficar feliz em saber que você está vivo e seria a prova definitiva disso, ler uma frase sua, com a sua letra e ainda mais dizendo que é inocente, que teve uma prisão injusta. Isso pode ajudar você a sair daqui, é a tua oportunidade, ainda bem que tua mãe mandou um pote com mingau, ainda bem que você tem um fósforo. Esses caras não têm tempo de examinar pote de comida."

Dia 9
(manhã)

Eu não queria contar aquele episódio ao O.R., mas, naquelas circunstâncias, minha cabeça estava estourando de dúvidas e, quando as palavras nos perturbam, como estavam me perturbando, o único jeito de ficar mais aliviado é colocá-las para fora, não em pensamento, como eu fazia com as poesias, mas para fora, contando para alguém, e eu só podia contar para ele, pois os dias se passavam e não acontecia nada comigo, nem era levado para tortura, nem me mandavam para casa. Então, o motivo só podia ser um, eles tinham uma carta na manga.

O.R. me perguntou que carta na manga era aquela e o que veio à minha cabeça foi a imagem da véspera do meu sequestro, eu, aluno da escola de cinema, no quarto com latas de filmes. Contei a O.R. que a primeira coisa que pensei quando os caras invadiram meu quarto era que eles abririam as latas e dentro de uma delas encontrariam várias trouxas enroladas em papel de alumínio com maconha dentro, que tinha comprado para mim e para alguns amigos.

Fui acordado às seis da manhã. Imaginei que o motivo era a maconha e não política, por isso fiquei até contente quando soube que era o DOI-Codi, pois eu não tinha nada a ver com esse órgão, mas agora que os dias se passavam e não me soltavam, estava cada vez mais achando que eles haviam pegado a maconha, me enfiado ali para me dar um flagrante por tráfico, me seguravam, enquanto se preparavam para dar o golpe final. Era isso que me deixava grilado.

O.R. ficou na dele, disse de novo que eu não devia me preocupar porque a polícia da política não conversa com a polícia das drogas porque os caras não se dão, não são amigos. Se encontraram alguma coisa na lata (se é que abriram as latas), deixaram lá mesmo, porque não é prova para eles, não interessa, pois estão caçando comunistas, não maconheiros.

Fiquei mais tranquilo e perguntei se O.R. tinha experimentado alguma vez. Disse que não, não queria outra encrenca com a polícia, já bastava a da política. Quis saber por que e quando eu entrei nessa, e ficou surpreso quando contei que comecei a fumar maconha para parar de beber. Eu bebia demais.

"Aprendi" a beber no colegial, contei. O professor de teatro levava a gente, depois das aulas, para beber no "Sujinho", um barzinho infeto a poucos metros da escola, e nos ensinou a tomar cerveja. Depois passamos aos destilados, tais como caipirinha, pinga pura, conhaque, rabo de galo, *Steinhegger*, Fogo Paulista. A gente achava incrível e maravilhoso cair na vida boêmia aos dezesseis anos. Certa vez, fiz talvez, o maior papelão da minha vida até então, quando começamos a comemorar a formatura do terceiro colegial às nove da manhã no tal "Sujinho", onde exagerei nos conhaques e, por volta de meio-dia, até onde me lembro, cruzei, na escada de casa, com minha mãe, ela descendo e eu subindo, tentando esconder o suéter sujo de vômito. Foram anos de muito álcool na cabeça porque, depois do professor de teatro, vieram meus colegas mais velhos, um ano mais velhos, e, porra, para eles não existia vida sem álcool nem álcool sem vida. Os caras tinham certeza de que o "bom" uísque, a "boa" vodca, além de não fazerem mal, faziam até bem, porque eram "bom" ou "boa" e custavam os olhos da cara. Por isso, naquele tempo tinha uns caras que traziam de contrabando uísque 100% "puro", como se uma coisa que corrói o fígado pudesse ser "pura".

Contei a O.R. que na faculdade a situação piorou e era todo dia a mesma coisa. Fim das aulas, todos, e aí todos quer dizer dois ou três professores e quatro ou cinco alunos que formavam uma panelinha, eu incluído, corríamos para um bar discreto, pouco frequentado, na saída da Cidade Universitária, com um objetivo seríssimo: continuar as discussões para salvar o cinema nacional, que tínhamos começado em classe, mas, claro, nada disso podia ser feito sem a gente consumir litros e litros de destilados. Sem brincadeira, a gente ficava a tarde toda nisso, todo santo dia e, lá pelas seis horas, a ordem era ir para casa, tomar um banho e por volta das nove da noite todo mundo reunido de novo, agora no bar Windhuk, para mais debates intermináveis sobre o cinema novo, a censura, Godard, Fellini, o que era nacional e o que era estrangeiro e enquadramentos idiotas.

A coisa ia assim até meia-noite, por aí, porque no dia seguinte, à 9 da manhã, tinha aula de novo, depois teria o barzinho da saída da Cidade Universitária até às seis e depois o Windhuk até à meia-noite. Enfim, chegou uma hora em que eu tinha que tomar uma decisão. Se fosse continuar com aquela turma, teria que virar alcoólatra, pois, sóbrio, era impossível fazer parte do grupo e eu já não aguentava mais beber tanto assim, porque meu estômago parecia um tonel de uísque. Então um dia eu conheci um cara da minha idade, que usava óculos e parecia ser gente boa, que me convidou para ir ao seu apartamento, num prédio de esquina, onde me apresentou o primeiro baseado. E desde esse dia eu troquei os destilados pelos baseados e perdi meus amigos que continuaram bebendo.

Dia 9
(tarde)

"A Junta Militar começa a esmagar a resistência no Chile", era a terrível manchete do jornal que recebia todos os dias, na minha jaula, junto com uma das melhores comidas do mundo, sempre na mesma hora, um milagre que, contando, ninguém acredita.

"Esmagar", no caso, não é força de expressão. Com emprego de tanques, aviões e artilharia pesada, os militares "esmagaram" importantes focos de resistência, dizia a agência Reuters. Quarenta fábricas, ocupadas por brigadas de operários fortemente armados, receberam um ultimato: ou os operários se rendiam, ou seriam fuzilados sumariamente. Matar, matar e matar eram as palavras de ordem do novo regime, não importava quem. Ainda, a mesma Reuters informava que vilas da periferia de Santiago tinham sido varridas por disparos de metralhadoras em voos rasantes de aviões militares, uma das assim chamadas "operações de limpeza". Não se sabe quantas houve, nem o número de vítimas.

Dia 10

O que é aquilo? Um tropel de cavalos, de elefantes? Corri imediatamente até as grades, naquele dia chuvoso em que tudo parecia mais cinzento do que costumava ser.

Quem surgia nos últimos degraus da escada era a figura de um homem grande e forte, não importando a cor da pele, com pressa, esbaforido, sem querer passar despercebido, ao contrário, querendo que todos o vissem, suando muito, me fazendo sentir seu cheiro de onde eu estava. Não era um cheiro agradável, nada nele era agradável, nada naquele lugar era agradável, pois tudo cheirava a podridão, decadência, barbárie. Ele queria que escutassem seus passos de rinoceronte na varanda e que tivessem medo dele.

Descia os últimos degraus e só aí eu o via por inteiro, finalmente o via em toda a sua prepotência, vestindo uma toga, tão ridículo e tão asqueroso, não se tocando que estava fazendo um tipo grotesco, risível, personagem de chanchada da Atlântida, Oscarito e Grande Otelo, Ankito, Zé Trindade. Mas esse era o seu papel, meio Mazzaropi, meio Marquês de Sade, podendo tanto estar no elenco de *Carnaval da Atlântida*, quanto no de *100 dias de Sodoma*, se este era o nome mesmo. Não importa, via na minha frente um cara bizarro que não ligava em ser bizarro, não se olhava no espelho, com uma toga que não combinava com ele, com a capa muito curta, parecendo um véu de noiva de viúva.

Parou em frente ao X-4 e gritou um nome:

"Fulana"!

Eu não podia vê-la, não sabia se ela tinha se aproximado dele, não sabia se estava deitada no fundo da cela, não sabia. E então ele a chamou de novo:

"Fulana!"

Não ouvi resposta alguma aos gritos, tentei olhar sem que ele percebesse, querendo e não querendo ser uma testemunha ou um repórter, tendo e não tendo medo de cometer alguma falha que me levasse ao segundo andar.

Então o falso juiz gritou ainda mais alto:

"Fulana! Hoje eu vou fritar os ovos do teu marido! E você vai assistir!"

Dia 11

A rede da rádio e TV controlada pelos militares chilenos anunciava a execução de dois "extremistas que tentaram sabotar instalações militares", dizia o jornal que eu lia no "banheiro".

A junta militar informou ao Itamaraty que havia 1.297 brasileiros em situação ilegal no Chile, a maioria dos quais, "extremistas", portanto, sujeitos a execuções sumárias. Concluí que os caras não estavam economizando munições.

Dia 12

O Chile é aqui, pensei. Estava numa jaula do DOI-Codi, mas meu coração se encontrava no Chile, com os chilenos que também estavam sendo enjaulados. Ergui uma taça imaginária, cheia de vinho chileno, embebida nos poemas de Neruda, ouvindo Violeta Parra.

Era inacreditável que o mesmo país tinha um Victor Parra e um Augusto Pinochet, que de augusto não tinha nada, que traiu Allende, de quem era chefe militar e que se apresentava como chefe da junta que tomou posse numa imensa poça de sangue, anunciando que durante a "revolução" morreram 100 pessoas e 300 foram feridas. Mentiras asquerosas e deslavadas, pois não foi uma revolução e sim um motim, um golpe de estado, uma traição a todos os chilenos, um assassinato covarde e bárbaro.

Portanto, o correto não era "morreram 100 pessoas", e sim, "matamos 100 pessoas", porque não foram mortes naturais, nem mortes por doença, ninguém pediu para morrer, não foram suicídios, mas, homicídios a sangue frio, no estilo das tragédias de Shakespeare.

Pinochet inaugurou o governo do terror, já era possível constatar.

Dia 13

Contei a O.R., que uma vez eu vi, no apê do Andrea Tonacci, uma escultura ficar viva, ali, na minha frente, sem truques, andando descalça sobre o carpete cinza da sala. Um cara alto, rosto de deus grego, na sala vazia, sem mobília, apenas cortinas. Então a mulher dele apareceu na porta, lábios grossos, linda, aparência docemente selvagem, daquelas mulheres quietas, observadoras.

Me concentrava em uma gravura na qual cabeças de corpos caídos na lama eram pisadas por uma multidão, quando, de repente, vi a cena se movimentar. Embora soubesse que era uma gravura, tudo começou a se mexer, ali, ao vivo, sem truques, os pés realmente pisavam nas cabeças, as cabeças caíam para trás sob o impacto dos pés. Até que parei de olhar a gravura, dei uma volta na sala para ter certeza de que não estava louco e parei diante de uma placa de trânsito redonda fixada na parede, daquelas de proibido parar, na qual foi pendurada uma escultura de Cristo de braços abertos, como que na cruz. Em poucos segundos ele começou a se mexer, a se retorcer, e eu vi, juro que vi, começou a fazer movimentos para baixo, de quem queria se despregar da cruz, contorcendo-se de um lado para outro, fazendo movimentos muito enérgicos. Aquilo foi me angustiando até que eu disse ao Tonacci: "Esse Cristo está querendo sair fora da cruz, ele pode cair no chão a qualquer momento, faça alguma coisa".

Tonacci sorriu para mim: "Foi a mescalina que eu te dei".

"Cristo morreu na tortura", disse O.R., quando terminei de contar a história. "E todos aqui estão revivendo os suplícios de Cristo".

Drogobytch, o vilarejo onde nasci, na Ucrânia, hoje está assim

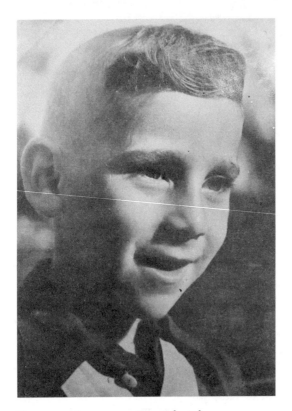

Eu com seis anos em Drogobytch

Meus pais no dia do casamento, em 1943

Reportagem sobre meu tio Yasha Davidson, heroi da 2ª Guerra Mundial

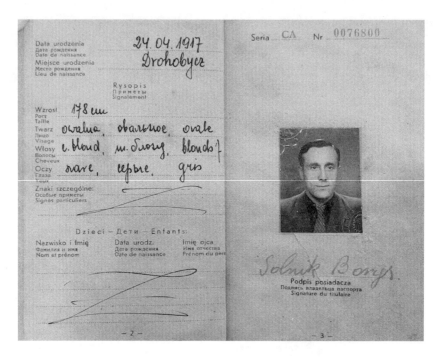

Passaporte do meu pai

Certidão de nascimento do meu pai

Meu tio Yasha foi fotógrafo particular de Nikita Kruschev

Dia 14

Um dia, contei ao meu novo amigo, embarquei com minha mãe numa viagem de trem a Kiev. Ela ia comunicar a seu irmão, Yasha, que a gente tinha sido convidado pelo seu irmão da América a mudar para o Brasil. Yasha era um fotógrafo, famoso por seu trabalho no fronte durante a 2ª Grande Guerra e, àquela altura era o fotógrafo particular de Nikita Kruschev, o sucessor de Stalin.

Depois de sete dias de viagem (era a lembrança que tinha, mas talvez não tenha sido tanto assim), conheci o apartamento do meu tio famoso. O que mais me atraiu foi uma caixa de madeira de uns 30 por 30 centímetros, em cima de um móvel alto e escuro. Quando ficava iluminada, aconteciam coisas estranhas. Pessoas minúsculas muito parecidas com a gente viviam lá dentro. Agiam como a gente, mas eram muito pequenas. Tinham uns cinco centímetros de altura. Eu me perguntava quem eram elas e como conseguiam viver dentro dessa caixa.

Eu nunca tinha visto um aparelho de TV antes.

Meu tio não gostou das notícias da minha mãe. Podia pegar mal para ele, por causa da sua posição no Kremlin. Ele já tinha sido salvo por Kruchev em uma ocasião e não queria dar outra dor de cabeça para ele.

"Eu estava numa lista de judeus que deveriam ser fuzilados por traição à pátria", meu tio contou. "E só não morri porque, na última hora, Kruchev impediu. Eu te proíbo de ir para o Brasil! Você quer que me matem?!"

Dia 15

O.R. quis saber porque minha mãe queria tanto fugir da Ucrânia, pois, na cabeça dele, a União Soviética era o paraíso na Terra, a salvação dos pobres e oprimidos. Quis saber se minha família não estaria fugindo de um inimigo imaginário, ou se tinha feito alguma coisa errada a ponto de precisar fugir. Então eu disse que o desejo dela de fugir vinha de muito tempo antes, logo do início da revolução comunista, quando os revolucionários entraram em Kurilovitz, uma aldeia de maioria ídiche, gente de paz, religiosa, temente a Deus, estudiosos do Talmud, onde sua família morava, e tomaram a loja de tecidos de seu pai, também um judeu religioso. Despacharam seu pai e sua mãe para a Sibéria, assim, de um dia para o outro, porque não podia mais haver propriedade particular, tudo passaria a pertencer ao Estado, como a lojinha do meu avô, que não tinha feito nada aos revolucionários que não lhe pagaram pelo imóvel nem pelo estoque, tomando tudo, e não permitindo nem que ele continuasse morando na aldeia onde nasceu e viveu até então. Arrancaram a árvore da floresta, como dizia a minha mãe. Foi aí que começou o desejo dela de fugir de lá.

Depois veio a guerra, com ela e a irmã fugindo do fronte, e enquanto fugiam, os nazistas invadiram a Polônia e tomaram Drogobytch, terra do meu pai, fundando ali um campo de extermínio, onde exterminaram seus pais e seus cinco irmãos. Meu pai só escapou porque estava no fronte e, finalmente, quando minha mãe se casou com ele e foi morar em Drogobytch, ficou apavorada com as histórias contadas por vizinhas sobre os horrores do serviço militar, com riscos iguais aos de uma guerra, com muitos filhos voltando mutilados, outros em caixões. Ela não admitia a ideia de mandar seus filhos para servir o exército, o que teria de fazer se continuasse em Drogobytch. Precisava sair de lá com toda a família, o que era impossível porque não tinha dinheiro e, mesmo se tivesse, era proibido sair do país.

Meus pais na época de minha prisão

Dia 16

Sair do país era terminantemente proibido. Mas fugir para um país capitalista era inaceitável e imperdoável. "Igualar e superar a América" era a palavra de ordem de Moscou.

"E como você está aqui?" perguntou O.R..

"Cidadãos poloneses, como meu pai, podiam voltar à terra natal, pois não era um país capitalista. Da Ucrânia fomos para a Polônia. Meu tio não sofreu represálias. A Polônia foi só uma parada técnica, mas o nosso objetivo era o Brasil. Emigrar da Polônia, como da Ucrânia, também era proibido, mas fazer turismo por até três meses estava liberado.

Meu tio David, que tinha chegado ao Brasil em 1927, já estava bem de vida. Quando, ainda na Ucrânia, vi a primeira foto que nos mandou da sua família, ele, a mulher, suas filhas e o primeiro neto sentado numa almofada, imaginei que se tratava de um príncipe. Uma das filhas lembrava uma princesa, a outra, uma estrela de Hollywood. E como estavam felizes!

Sonhei, certa vez, que meu tio era um capitão de navio. Usava aquele uniforme naval, com o quepe imponente na cabeça, andando sempre em companhia de um cachimbo. Morava numa praia em uma cabana feita de folhas de palmeiras, e em volta de sua cabana, a vasta vegetação lhe fornecia sombra e vento.

E veja que ironia, disse a O.R., "minha mãe fugiu de uma ditadura para cair em outra".

Dia 17

As palavras na cabeça ninguém toma
vou somando e só eu sei qual é a soma
temperando e só eu sei qual é o aroma

as palavras na cabeça são meu guia
vou andando e ninguém vigia
vou chegando e ninguém desconfia

As palavras na cabeça são de fogo
os ditadores querem apagá-las logo

Dia 18

Não gostei nem um pouco quando o carcereiro que revezava com o Alemão abriu a cela e ordenou que o seguisse, pois eu estava muito bem onde estava (se é que alguém poderia estar bem naquele açougue), só eu e O.R..

Já estava meio acostumado com aquela rotina, então, que história era aquela de me tirar dali? Mas é claro que eu não podia reclamar, eu reclamava comigo mesmo, conversava comigo mesmo, dava bronca em mim mesmo e depois me desculpava comigo mesmo. Era eu e eu. Então segui o cara, passamos pela cela das moças, e aí dobramos à direita, demos mais alguns passos e paramos em frente ao X-2.

Quando entrei, tinha umas cinco pessoas lá dentro, e o primeiro que vi, que puta surpresa, um cara que eu jamais imaginei que pudesse estar ali, o Chico, meu querido amigo Chico! Nos abraçamos. Naquele momento achei bom ter saído da minha cela porque finalmente topei com alguém que conheci por causa de um sábado à noite vadio e engraçado. Eu estava na "Quitanda", como quase sempre, onde não cabia mais ninguém dentro, batida de maracujá que não acabava mais, meninas lindas, muitos caras de barba, aquele movimento, todo mundo querendo se arrumar, achar uma festa, quando um cara que eu já conhecia, um músico, baixinho como eu (adoro baixinhos, tenho medo de caras altos) bateu no meu ombro. "Vem cá, quer ir numa festa?". Na verdade ele queria convidar meu *Karmann-Ghia*, porque a festa era longe, no Morumbi, mas como o *Karmann-Ghia* não poderia ir sem mim, ele me chamou e ainda avisou que eu poderia me dar bem porque era aniversário da sua namorada e ela tinha uma prima muito linda que não tinha namorado. Então fomos até lá, os dois com muitas batidas na cabeça (não teve batidas no carro).

E ele tinha razão, a prima era linda. Fiquei perdidamente apaixonado na hora e, se não fosse tímido como era, me jogaria de joelhos a seus pés, mas apenas troquei algumas palavras com ela e acompanhei de longe seus movimentos que achei todos majestosos. Ela era luminosa e naquela festa me pareceu, sei lá, uma sereia saindo do mar, com aquelas pernas dentro da minissaia que me impressionaram e, claro, eu já estava chapado, então tudo nela me deixou completamente vulnerável.

Passei muito tempo correndo atrás dela, ela sempre me rejeitando e, apesar de naquela festa ter dado sinais de simpatia, foram meses ou anos de cerco porque eu era um cara obsessivo, fazia coisas insensatas como dar voltas e mais voltas com meu carro em torno do quarteirão de sua casa, imaginando que alguma hora ela iria aparecer, eu iria me aproximar dela, e então ela iria entender tudo, seria vencida pela minha insistência e entraria no meu carro para irmos aonde eu quisesse.

Para encurtar a conversa, essa pessoa da qual me tornei escravo era minha namorada ainda e aquele músico era ex-namorado da prima dela e o atual era o Chico, justamente o cara que encontrei no X-2 (ainda não sei por que me mudaram do X-5 para o X-2).

"Chico, eu não sabia que você era da política", eu disse. Ele respondeu que não era, que era aquele mesmo cara meio Hippie (todo mundo era meio Hippie na minha turma), paz e amor, *ianques go home*. Eu não tinha e, suponho que nem ele, a mínima estrutura ou talento para obedecer ordens de cima sem discutir, e tinha que ser assim na luta armada, o nome já diz tudo. Luta armada é coisa de quartel, o de cima manda em quem está embaixo e o de baixo tem que obedecer sem vacilar. Nunca dei pra isso, jamais entraria numa dessas, nem ele, e, no entanto, estávamos lá, nós dois, como suspeitos.

"Você ouviu um barulho estranho ontem?", Chico perguntou. "Sim", respondi. "Parecia alguém rolando pela escada".

"Era ele". Chico apontou para um cara deitado, dormindo num colchão. "Jogou-se da escada para se matar, não aguentava mais as torturas. Mas sobreviveu".

Eu ainda não tinha entendido por que o Chico estava lá, se jamais entrou para qualquer grupo chamado de subversivo pela ditadura, se era apenas contra o governo autoritário, se dentro de casa, xingava e lamentava entre quatro paredes, jamais em praça pública, falando por meio do megafone. Longe de todos, ninguém sabia que ele xingava Médici.

"Esse cara que está lá na cela das mulheres é o marido da minha irmã", disse Chico . Então, bem a seu estilo, com aquela fala mansa, didática, ele contou que a irmã e o cunhado militavam na ALN, pegaram no "pau furado" e entraram na linha de tiro da repressão. Pegaram os dois, e quando isso acontece, o cara ou a cara que caiu tinha que aguentar 48 horas sem dizer nada, mesmo levando pau, mesmo arriscado ou arriscada a morrer, mas tinha que aguentar 48 horas. Depois disso, aí sim, o militante podia e devia entregar um nome, um só, porque aí já estaria debaixo de muito pau. Tinha que salvar a própria pele, pois só vivo pode fazer revolução. A ordem da organização era entregar um nome, e de preferência de alguém que não tinha nada a ver, para ganhar tempo, para não ter de entregar um peixe graúdo. Eram as regras do jogo.

"Porra", eu disse, "você nunca me contou que tinha uma irmã guerrilheira!". Nem poderia dizer, pois ela estava clandestina e ele estava proibido de falar qualquer coisa, mas então, quando a sua irmã sentiu que não podia aguentar mais, que mais um choque e seu coração explodiria, deu um nome, o nome dele, Chico, que não tinha nada a ver, que não era o Hippie da AP, nem da ALN, era um Chico paz e amor, o que não importava aos sequestradores que precisavam de nomes para sequestrar. Não importava também aos torturadores que precisavam de gente para torturar, pois a ordem era torturar primeiro e perguntar depois e, quanto mais presos, melhor, porque a máquina não podia parar.

Eles pegaram o Chico, e o Chico, ao contrário do que aconteceu comigo, que não levara choques até então, já entrou apanhando, levando choques, nos dedos, o primeiro estágio, primeiro e terrível.

Dar uma descarga elétrica é tentativa de homicídio. Quem será que teve essa ideia de dar choques elétricos num outro ser humano, sabendo que todos os seres humanos são iguais, sabendo que se ele tomasse um choque também estremeceria, também seria levado ao quinto dos infernos sem saber se voltaria e, mesmo assim, mesmo sabendo o terrível e irreparável mal que está fazendo ao outro, ele faz, amarra o fio em torno de um dedo, depois de outro, gira a manivela do "piano" e assiste ao sofrimento. Ouve os gritos, mas vai em frente.

Tem que ter coragem para ser tão covarde. Penso nisso tudo enquanto Chico contava que chegou ao DOI-Codi já classificado como elemento perigoso. Ora, se foi denunciado por alguém da luta armada, então ele também deveria ser.

E foi assim que, sob ameaças indescritíveis, ele teve que dar um nome e escolheu o meu porque já tinha sido seguido e numa das vigilâncias descobriram que ele tinha ido na minha casa.

Daí as coisas ficaram mais claras pra mim, pois eu fui visto junto com o Chico, então eu era do grupo do Chico e se o Chico entrou comigo na minha casa, isso podia querer dizer que a minha casa era um "aparelho" e não uma pacata casa de uma família de imigrantes da Ucrânia, judeus, trabalhadores, honestos, que pagavam impostos em dia, que trabalhavam de sol a sol, que não tinham nada contra o governo, que, ao contrário, jamais criticaram a ditadura em casa (meus pais), pois a ditadura os deixava trabalhar, que era só o que desejavam. Mas, então, o Chico, tal como a irmã, preferiu entregar alguém que não tinha nada a ver com o peixe (assim vai logo para casa), alguém como eu, o que me soou esquisito, tanto a decisão da irmã quanto a dele.

A irmã preferiu entregar o próprio irmão, o expôs a uma situação que sabia ser limítrofe entre a vida e a morte, expôs o irmão para proteger um militante, expôs o irmão paz e amor para preservar um irmão de armas. Que porra de ética era aquela? Olha só o perigo de "não ter nada a ver com isso", pois era mais perigoso "não ter nada a ver com isso" do que ter, pois quem tinha, era protegido e quem não tinha, era empurrado para aquele castelo do terror.

Eu olhava para a testa do Chico, que era para mim a tradução do cara bom, que só queria o bem do próximo, e lá estava escrito "delator", "dedo duro". Foi até honesto em confessar que me traiu, que me tirou da zona de conforto me jogando naquela pocilga. Fiquei calado, depois de saber que um dos amigos que eu mais admirava, no fundo era um mau caráter capaz de fazer comigo o que fez.

Ele percebeu meu desconforto, pois aquela primeira reação ao encontrá-lo murchou, e, não me sentindo bem olhando o seu rosto, comecei a desviar o olhar para não vê-lo. Porra, ele se lembrou de mim na hora em que deveria me esquecer, me expôs a um grupo de insanos, não pensou nas consequências, que minha mãe devia ter desmaiado quando me sequestraram, e então ele disse que eu deveria entender que quem caía naquele lugar nunca seria o mesmo de antes, tudo muda, ele muda, e todo mundo vira dedo-duro, querendo ou não, mais cedo ou mais tarde! Era a lei da selva, ninguém saía dali o mesmo. Disse, ainda, que tinha certeza de que eu também tinha delatado alguém, o que me deixou mais puto ainda, pois a quem eu poderia delatar se não conhecia ninguém e a única coisa que me perguntaram tinha sido se eu conhecia o Davi da TV Cultura. Disse que sim, que conhecia, só isso e não disse mais nada, mas aí o Chico perguntou se eles não pegaram o tal Davi. Respondi que sim, que uns dias depois ele chegou com a namorada, mas eu só disse que o conhecia. "Pois é", disse Chico. "Quando você falou que o conhecia, eles entenderam que você o conhecia politicamente, que era do teu grupo e, por isso também o prenderam. Você entregou o Davi".

Dia 19

Pode parecer estranho, e é, mas quando me levaram de volta ao X-5 foi como se eu voltasse para a minha casa. Finalmente estava na minha casa, com meu colchão, e, em vez de toda aquela gente, uns falando alto, outros gemendo, outros se lamentando, ali reinava a paz, o silêncio, somente nós dois, e a minha sorte é que meu companheiro também falava baixo e não tinha hábitos esquisitos.

Meu companheiro estava deitado no seu colchão. De longe parecia estar tudo igual, tudo normal, mas quando me aproximei dele, levei um susto, pois ele gemia baixinho, estava mais morto que vivo, parecia ter envelhecido, não conseguia se mexer. Nunca o tinha visto nesse estado, tão fragilizado, o olhar perdido no muro que separava as celas. Não foi logo de cara, mas quando me viu, a primeira coisa que fez foi pedir para eu levá-lo ao banheiro, pois não conseguia se levantar sozinho e, caminhar, muito menos. Assim que se recuperou um pouco, contou o que tinha acontecido com ele nas últimas horas em que passei no X-2. Ninguém sabia exatamente o que estava acontecendo com ele, o preso mais importante daqueles dias, já que tudo girava em torno dele. Então eu fiquei sabendo antes de todos.

Puta que pariu! Como pode?

Ele contou que entrou na mesma sala de sempre, separada de outros com ripas de eucatex, onde já tinha passado pelas torturas mais comuns, mais usuais, como ficar pendurado no pau de arara (ou frango de padaria), levando choque, claro, totalmente nu. Lógico que era a mesma sala, mas dessa vez tinha um objeto diferente nela, uma espécie de trono feito de ferro.

Quando ele entrou na sala, já tinha uns cinco homens esperando por ele, todos conhecidos seus, todos que já o tinham machucado nos pés, nas palmas das mãos, nos órgãos genitais, nos mamilos, que já tinham lhe aplicado choques terríveis. Ele se recusava a falar, não dizia nada, nem seu nome.

Também já sabiam que ele tinha uma resistência incomum à dor, e uma impressionante firmeza de caráter, por isso era "respeitado" pelos torturadores que gostavam de humilhar os militantes que abriam o jogo nos primeiros tapas no rosto.

Mas, "respeitar", para eles, não queria dizer "aliviar". Foi recebido com gritos, xingamentos, provocações.

"Como é, hoje vai cantar?"

"Filho da puta, você é um merda e vai sair daqui moído e amassado!"

"Fala de uma vez, desembucha!"

"O cara acha que é melhor que os outros."

"Cai na real, ou tu colabora ou vou encomendar teu caixão!"

Então foi assim o começo, ele cercado por esses homens fortes, raivosos, hostis, implacáveis, sem ninguém para lhes impor limites, com a sensação de estar cercado por cães famintos, já sem roupa, levando safanões, socos na cabeça e, mesmo assim desafiador, altaneiro, sem dar um grito, sem pedir socorro, como um santo estoico, o que deixava os torturadores mais alvoroçados.

Então o colocaram naquele trono de ferro, mais conhecido como "a cadeira do dragão", amarrado pelos pés pelos calcanhares, pelo peitoral, pelo pescoço, enquanto continuavam gritando no seu ouvido, cuspindo nele, jogando na sua cara os mais vulgares e nojentos impropérios. Eles em cinco e ele sozinho.

Depois de ser bem amarrado, depois que tiveram certeza de que ele não podia se desprender, jogaram-lhe um balde de água fria.

"Já tomou banho hoje?"

"A água tá fria?"

"Prefere chuveiro ou banheira?"

Cada um deles tentava ser mais engraçadinho que o outro.

"Mais água!" E jogaram nele mais um balde, direto no rosto, a água se espalhando pela barriga, pelas pernas, pelos braços, deixando-o completamente encharcado.

"Fala de uma vez, seu bosta!"

Os xingamentos não paravam nunca, ninguém ficava parado ou parava de gritar porque era para enlouquecer a vítima, para enfraquecê-la, derrubá-la.

"Ou fala ou morre!"

Foi então que os caras pegaram a maquininha com os fios desencapados.

Eu não sei, juro que não sei o que faria se recebesse choques de alta voltagem no meu corpo nu e molhado, como ele começou a receber. Uns caras aplicavam os fios no escroto, outros nos mamilos, e a cada choque seu corpo se retorcia, tremia, mas ele continuava em silêncio, com a sessão sem tempo para terminar, e, enquanto levava choques, continuava levando safanões na cabeça, com cada um fazendo a sua parte, batendo, dando choque, xingando. Durava um tempo infinito, e quando alguém se cansava, saía e entrava outro, mais descansado, mais sádico, pois havia ali uma espécie de campeonato para ver quem conseguiria fazê-lo falar primeiro, quem teria a manha de dobrá-lo no limite entre a vida e a morte.

Com o passar das horas, o ambiente ficava insuportável, o cheiro do suor dos torturadores confundia-se com outros cheiros, porque não tem como segurar, a vítima tem reações fisiológicas e nessa sessão mesmo, ele me contou, mijou num torturador e claro, foi castigado por isso. E também cagou em razão dos choques, pois ninguém conseguia controlar, não dava tempo de pedir para ir ao banheiro, e mesmo pedindo os caras não atenderiam.

"Tá com a bexiga cheia? Aguenta!"

Mas ninguém aguenta, é fisiológico, requer muito estômago. O cara que foi mijado saiu para trocar a roupa e outros saíam para almoçar, mas meu valente companheiro de cela não, para ele não tinha banheiro, não tinha almoço, não tinha roupa, continuava nu, molhado, amarrado no trono do dragão, uma imagem que lembra as sessões de tortura da Inquisição.

Enquanto ele me relatava essas cenas, eu imaginava seu sofrimento, um sofrimento que confirmava que o sertanejo, como ele, é um brasileiro resistente, capaz de aguentar tanto, pois, só um nordestino, um Severino (e meu companheiro de cela era um perfeito Severino, o do João Cabral de Melo Neto, tal e qual), com seu corpo franzino, as pernas curtas mas muito ágeis, o raciocínio aguçado e uma inteligência modesta, humilde, o olhar sempre esperançoso, aquele olhar de quem mira o horizonte esperando o sol nascer, porque o sol sempre nasce, mesmo demorando, e a noite, mesmo podendo ser longa, no fim dela sempre haverá sol.

Estou demorando para contar a cena da "cadeira do dragão" para vocês sentirem quanto tempo ela durou, para vocês experimentarem a dor que ele sentiu por tantas horas, e olha que eu estou apenas escrevendo e vocês apenas lendo, mas ele estava lá, durante esse tempo todo, nu, molhado, amarrado num trono de ferro, cercado de inimigos, levando choque, apanhando, e só paravam de bater quando percebiam que ele estava para desmaiar. Então paravam um pouco para ele se recuperar. E a pergunta que repetiam era: "Qual é o seu nome, filho da puta?" E ele não respondia.

"Eu queria saber", balbuciou meu companheiro de X-5, "como são esses caras em casa. Quando a mulher pergunta 'o que você fez hoje, meu bem'? Será que ele conta com orgulho, 'consegui cinco confissões, torturei três', ou não diz nada, guarda tudo com ele, não divide com a mulher? Em casa é um bom marido que paga as contas em dia?"

Muito cansado, escandindo as sílabas, com muita dificuldade de mexer os lábios, O.R. continuou contando que nunca tinha passado por uma sessão como aquela. Eu já estava de estômago revirado, não aguentava mais visualizar tantas cenas indignas a um ser humano, tantas cenas tão degradantes, mas ele precisava extravasar e talvez soubesse que um dia eu contaria essa história para mais gente. Eu "via" aquela figura dele, aquela figura frágil sentada no trono do dragão, abandonada pela humanidade, indefesa, com marcas roxas no corpo, por todo o corpo retesado pelos choques, convulsionada, a energia se esvaindo, mas com o pensamento inabalável, numa luta desigual, em que ele podia morrer, mas não podia matar.

"Esse cara é feito do quê?"

"Já perdemos muito tempo com ele!"

Essas palavras ele mal escutava de tanto "telefone" que levou.

Ouvia palavras soltas que não se comunicavam e não entendia muito bem o significado delas. As pancadas ele nem sentia mais, os choques abalavam sempre, não tem jeito e já não tinha noção de há quantas horas estava sendo massacrado.

Alguém trouxe mais um balde de água. O pobre torturado já preparava o corpo imaginando que ia ser molhado de novo, mas para quê, pensou ele, se ainda estou molhado, estão desperdiçando água.

Os torturadores não jogaram água nele daquela vez, mas, um deles se aproximou com o balde na mão e quando chegou bem perto, o agarrou pelos cabelos e mergulhou seu rosto no balde, segurando a cabeça por alguns segundos. Quando percebeu que o cara não aguentava mais, retirou a cabeça do balde, fez uma breve pausa e repetiu a operação.

Enquanto isso, continuava a sessão de choques, de pauladas, tudo ao mesmo tempo e, quando O.R. já estava a ponto de desfalecer, depois de passar pelo afogamento muitas vezes, finalmente cedeu.

"Chega! Eu falo!"

E disse o seu nome, só o seu nome, nove horas de tortura para dizer o nome, nada mais, nenhuma delação de aparelho ou de militante. Estava desmilinguido quando o retiraram da cadeira do dragão, da qual caiu quando foi desamarrado, tendo que ser levantado, enquanto a faxineira passava um pano molhado no chão imundo e malcheiroso.

Dia 20

Eu deveria escrever os versos
mais alegres nesta noite
porque Neruda não morreu
o jornal diz que ele está morto
mas Neruda não morreu
o coração dele parou
mas Neruda não morreu
há uma bala no seu coração
e outra no seu queixo
há um corpo deitado
numa poça de sangue
mas Neruda não morreu
tentaram matar Neruda
mas Neruda não morreu
a metralhadora dorme em seus braços
pois Neruda não morreu
um câncer matou Neruda
mas Neruda não morreu
a morte correu atrás dele
mas Neruda não morreu
há um palácio em ruínas
e um país que sangra
mas Neruda não morreu
Neruda se matou
mas Neruda não morreu
Mataram Neruda
mas Neruda não morreu

Neruda não morreu
Neruda não morreu
Neruda não morreu

Dia 21

Os idiotas ainda não tinham percebido que eu vinha recebendo jornal todos os dias, ciente de tudo que estava acontecendo no mundo, sabendo mais até do que eles que ficavam enfurnados naquele lugar onde só os canalhas tinham vez.

Todos os dias me transportava até o Chile. Puta que pariu, cada dia notícias piores! O horror no Estádio Nacional, deceparam as mãos do Victor Parra, barbaridades sem fim, jogaram bombas no palácio do governo, ordem de prender todo mundo, e a esquerda achando que o Chile estava no bom caminho. O Allende era o cara, achava a esquerda, mas os Estados Unidos achavam outra coisa, que o Chile estava ficando parecido com Cuba e, por isso, ficaram com medo de perder tudo o que perderam em Cuba e não recuperaram até hoje. Fizeram o que tinham feito no Brasil dez anos antes, também com medo de que o Brasil virasse uma Cuba gigante, um medo que virou ódio, ódio de tudo o que aconteceu na ilha. Por isso, os ianques botaram pra quebrar, invadindo o Chile para matar Allende, através da CIA, que fez o serviço, o mesmo serviço que fez no Brasil, porém, no Brasil não houve resistência e ninguém defendeu o palácio.

Isso eu e O.R. discutimos muito e, a certa altura eu disse para ele que não entendia como pessoas inteligentes e cultas, aqui no Brasil, resolveram adotar a luta armada, o modelo de Cuba, porque, se deu certo lá, haveria de dar certo aqui, sem levar em conta, antes de tudo, o tamanho de Cuba e o tamanho do Brasil. Perguntei a ele quantas pessoas moravam lá e quantas aqui, como eram os exércitos e, a coisa mais importante, Fidel Castro derrubou uma ditadura decadente que caía de podre, tanto é que o ditador fugiu antes de ele assumir, e aqui no Brasil a ditadura estava a pleno vapor, vibrante, sanguinária, é claro, ninguém sabia, porque a censura à imprensa escondia a barbárie. Então, qual é a chance de dar certo, perguntei a O.R. e ele me disse que nem que não dê certo haveria que se fazer alguma coisa, que a história não iria pra frente sem que alguém começasse a empurrar pra frente, e os primeiros sabiam que também seriam os primeiros a serem esmagados.

Ele poderia ser esmagado, mas quem viria atrás dele, seguiria em frente.

Dia 22

De volta do segundo andar, O.R. disse que os caras estavam excitadíssimos com as notícias do Chile, esfregando as mãos, pois esperavam lotação máxima. Aquilo ali ia ficar pequeno para tanta gente, haja pau de arara, haja cadeira do dragão, o pau ia comer e as palmatórias iam cantar, nada melhor para torturadores que carne fresca para torturar, pois esse é o seu alimento, é o seu vício. Os caras tinham abstinência de tortura, ficavam doentes mesmo, muitos acabavam os dias em manicômios, pois a tortura não era só o seu ganha-pão, um pão de ouro, diga-se, era o seu meio de vida, era o seu prazer, e só um cara que sente prazer em ver o outro sofrer pode ser um torturador. Como para ele é uma tortura não ter ninguém para torturar, espera ansiosamente a sua dose de adrenalina.

Enquanto O.R. falava sem parar, minha cabeça estava em outro lugar. Eu pensava que isso queria dizer que ainda ia ficar muito tempo ali porque podia chegar alguém do Chile e falar num Hippie da A.P., sei lá, embora até então ninguém tivesse me reconhecido, mas dali em frente, quem sabe?

Os caras iam querer rever meu caso desde o começo, ia voltar tudo à estaca zero, eu ia ficar mais tempo sem ver minha namorada (será que ela ainda estava me esperando ou já tinha outro, pois era muito linda e não faltavam pretendentes), minha mãe ia ficar mais tempo naquela maratona de trazer comida para mim todos os dias, fazendo chuva ou sol, e teria que ganhar seu pão, ou o nosso, porque eu não ganhava pão nenhum ainda.

Só parei de pensar quando O.R. mudou de assunto e começou a contar o que tinha acontecido no segundo andar, o que perguntaram e como ele conseguiu enganá-los nas respostas. Essa parte eu preferia esquecer logo, não queria saber qual era a verdade e como ele havia mentido, porque eu ainda achava que a qualquer momento podia chegar minha hora da verdade, com o Alemão me levando ao segundo andar e os caras querendo saber o que O.R. conversava comigo. Aí eu teria de inventar muito bem e ser muito criativo, sem vacilar, para não cair em contradição, para não mentir, ou melhor, mentir sem ser flagrado na mentira, porque seria torturado na certa e isso aí eu só conhecia por relatos de O.R., me recusando até a pensar em como meu corpo reagiria e o que faria na minha cabeça.

Dia 23

É tão calma a noite, a noite é de nós dois... Noches de Ronda... Tender is the night... a noite é uma criança... hoje eu quero a rosa mais linda que houver para enfeitar a noite do meu bem... à noite todos os gatos são pardos... a noite é dos namorados... a primeira noite de um homem...

Eu pensava nisso, em imagens associadas a noite, enquanto não conseguia dormir. Todas as noites naquele manicômio eram tenebrosas, mas aquela, especialmente, estava madrasta demais, pois tinha alguém apanhando muito no segundo andar.

A luz da sala estava acesa e a toda hora estalava um tapa num rosto, daqueles de mão pesada, num cara que apanhava e gritava muito. O estalo diferente vinha da palmatória nas solas dos pés, nas palmas das mãos, tudo em meio a gritos, ameaças, porrada, choques e tapas na cabeça. O cara pedia para parar, enquanto o mundo caía numa noite de raios, trovões e bolero no rádio no último volume.

Nós estávamos presos, mas a bruxa estava solta. Eu queria fugir, mas era impossível porque não tinha como construir túneis, não dava para envenenar ou corromper os guardas. Então, eu tentava fugir por meio das palavras, que são o mais silencioso e o mais poderoso meio de transporte, pois elas me levam para onde eu quero, mesmo quando estou quieto, porque a boca está quieta, mas as palavras não precisam da boca, elas navegam no cérebro como os planetas giram no espaço, não precisam de alto-falantes, não param de brotar. Sabe-se lá de onde elas vêm e eu nunca descobri quem as soprava para mim.

Eu pensava na noite para não ouvir o que estava acontecendo naquela noite infernal, interminável. Queria fugir para a noite numa cantina do Bexiga.

Que noite estranha, a gente estava rodando um longa do Roberto Santos chamado *Vozes do Medo*, composto por vários episódios, alguns dirigidos pelos alunos dele, ou seja, nós, e naquela noite era a vez do meu, chamado *Jovem Bebum*. Como eu já disse, a gente tinha o hábito de encher a cara todos os dias, e naquele dia não foi diferente, ficamos todos encharcados.

Antes de chegarmos à cantina dirigi algumas tomadas num boteco da rua Maria Antônia, e, a toda hora Roberto Santos interferia, dava sugestões, e eu, que já estava inseguro, ficava mais inseguro ainda. Eu tinha que dirigir, só que não conseguia. Só sei que a coisa degringolou entre nós, os alunos, e nosso professor, e, naquele clima azedo, chegamos à cantina, mortos de fome e, claro, abrimos os trabalhos com variados líquidos, de várias cores, daqueles que costumam esquentar os corpos e a cabeça.

Continuamos a discutir em voz alta com Roberto Santos que só tinha um fiel aliado, o seu uisquinho Drury's, com bastante gelo, levando só porrada de três ou quatro alunos, tidos como jovens promissores, esperanças do cinema nacional, escolhidos para dividir com ele episódios de um longa-metragem. Mas, em vez de reverências e salamaleques, ele ouvia impropérios por minha causa, já que os outros tomaram minhas dores e o colocaram contra a parede porque não me deixou filmar com liberdade. Ele nem conseguia engolir o nhoque direito, não conseguia pegar o queijo ralado.

Fiquei quieto, assistindo de camarote os garçons trazendo mais cerveja, mais bagaceira, tudo o mais, Quanto mais álcool mais altas as vozes ficam, talvez porque quem grita acha que os outros não estão ouvindo. As palavras gritadas soam mais hostis, cortam como punhais. Todo mundo berrava, menos eu, mas, de repente, o bate-boca ficou mais tenso entre o aluno Aloysio Raulino e o professor Roberto Santos, mas ainda bem que àquela hora a cantina estava às moscas, os garçons faziam ouvidos moucos e não viam a hora de fechar a conta. De repente, o aluno e o professor deixam a mesa, saem no tapa, rolam no chão e trocam socos. Pena, eu não tinha uma câmera à mão, pois isso é que eu deveria ter filmado e mais nada. Era isso, o "Jovem Bebum", o aluno dando porrada no professor no chão da cantina!

Ainda bem que, de tão bêbados, não conseguiam atingir os alvos com seus socos que nem eram tão fortes, pois os dois estavam meio grogues.

Era nisso que eu pensava naquela noite grotesca.

Já estava quase amanhecendo quando não ouvi mais tapas nem gritos lancinantes.

Dia 24

Fui muito estúpido em acreditar que o pior tinha passado, que dali em diante reinaria o silêncio, que tudo o que aconteceu durante a noite acabaria junto com ela, mas não, nada disso, a manhã foi uma continuação.

Caras novas, homens brancos e pretos, mulheres de todas as idades atravessavam o corredor, num movimento tão grande como nunca tinha visto desde que tinha chegado.

Os gritos que vinham do segundo andar não eram todos da mesma pessoa, eram gritos diversos, de várias vozes masculinas, outras femininas, desesperados, e eu trancado a sete chaves, não podia fazer nada, a não ser pensar a respeito daquilo, com o volume do rádio cada vez mais alto. Quanto mais altos os gritos, mais altos os boleros, "quem eu quero não me quer/ quem me quer mandei embora", "só minha vida eu não te dou/ como te dar se morto estou?"

Eu não podia escolher se queria ouvir gritos ou boleros, pois tinha que ouvir os dois e os dois machucavam meus ouvidos. Terrível, porque ficava imaginando as cenas do segundo andar. Eu "via" aquelas pessoas indefesas, nuas, amarradas, afogadas transformadas em coisas que tinham que ser destruídas, e via os rostos das pessoas que chegavam, parados no ar, interrogativos, alguns serenos, como se estivessem esperando aquela hora, outros esperando o pior, parecendo judeus desembarcando de trens nos campos de extermínio nazistas.

Era aquilo que eu via, em cada um daqueles rostos. Um judeu, não importava a religião, cada um era um judeu chegando a um destino desconhecido, mas implacável, a noite dos cristais ali dentro não era só à noite, mas todas as noites, e não só de dia, mas todos os dias.

Dia 25

Não vou mais chamar o X-5 de cela e sim de jaula, pois aquilo era uma das seis jaulas daquele quintal e eu era um dos animais em exposição e à disposição dos nossos cuidadores. O sentimento de estar numa jaula coincidiu com a hora em que o carcereiro apresentou nosso novo companheiro, que eu achei parecido, fisionomicamente, com Jânio Quadros por causa do bigode e da altura. Usava roupas comuns, calça e camisa. Estava machucado, mas não muito. Não fui com a cara dele, menos ainda quando ele começou a se abrir, e a primeira coisa que disse foi que tinha sido preso no Chile (exatamente o que a gente previra), que brasileiros seriam presos no Chile e chilenos no Brasil. Aos poucos ele contou que era da turma da pesada, da ALN, que assaltou banco, empunhou metralhadora, fugiu para o Chile, mas foi capturado.

O.R. também não demonstrou qualquer simpatia por ele, e ficamos mais putos com o recém-chegado quando ele propôs fazer autocrítica, ou seja, queria confessar que dedurou e ser perdoado por isso. Confessou que foi ele quem provocara todas aquelas prisões do dia anterior, que foi ele quem delatara. Então começamos a ficar com nojo dele, porque entregou meio mundo depois de levar uns tapas. Logo ele, um suposto guerrilheiro, puta merda! Ele implorava para fazer autocrítica e, tanto eu quanto O.R. dizíamos que não, que autocrítica era o cacete, ele que lambesse suas feridas e se entendesse consigo mesmo, pois não estávamos ali para ouvir lamúrias de um dedo-duro confesso que, logo na primeira noite, abriu nomes e endereços e entregou o ouro ao bandido. Aquele lugar não era igreja para fazer penitência, ali não tinha pároco para perdoar os pecados em troca de trinta Ave-Marias. Que bom seria se a gente pudesse expulsá-lo ou pedir ao carcereiro para ele ir para uma outra jaula, mas não, a gente tinha que aguentá-lo como ele era.

A noite caiu de novo, trouxeram um colchão para ele e fiquei muito puto por ter que dormir perto do cara.

De madrugada, acordei com o barulho da porta da jaula abrindo. Era o carcereiro chamando o dedo-duro para o segundo andar e o babaca (eu já estava convencido que era um babaca), reclamando muito. Dizia que não era hora, que queria dormir, mas o carcereiro não dizia nada, apenas fez uma cara de quem diz "espere os próximos capítulos".

Dia 26

O medo da morte
não verga o forte
não adianta assustar
a morte é uma noite
toda noite tem manhã

o forte mais forte
renascerá

Dia 27

"Boca de pito". O guerrilheiro da ALN costumava usar essa expressão antes de fumar uma bituca, para depois tomar um café com mais água que pó e pegar no sono. Com ele era tudo ao contrário. O café, que para a maioria dá insônia, para ele dava sono, mas ele não conseguia dormir muito porque, desde o dia em que reclamou por ter de ir ao segundo andar de madrugada, passou a ser chamado só naquele horário.

Um grande babaca. Como podia ser guerrilheiro, quando eu imaginava que guerrilheiro era um cara destemido, maior que a vida, alguém sem mácula e sem defeitos, ou com mais virtudes que defeitos (até porque algum defeito todo mundo tem), e nunca um cara de alma tão vazia, um cara tão nulo, tão opaco, e tão desagradável. Não é que eu torcesse para ele ficar mais tempo no segundo andar do que na jaula porque queria que sofresse, isso não. Não era para que ele fosse torturado, e sim para evitar a tortura da sua presença, porque quando ele chegava, estragava o dia, pois tinha sempre uma nuvem sombria sobre a sua cabeça. Ele conseguia levar qualquer situação para baixo e uma dessas coisas desagradáveis é que peidava muito, como se estivesse na sua casa e não numa jaula pouco ventilada. Mas tenho que dizer, a seu favor, que logo depois de soltar o primeiro petardo, ele avisava que não deixaria cheiro. E não deixava mesmo, só fazia barulho. Um pum discreto.

Dia 28

Embora O.R. fosse nove anos mais velho que eu, às vezes parecia uma criança fazendo travessuras, como no dia em que disse "vou mandar um pedaço do enrolado para a minha amiga".

Minha mãe tinha acabado de trazer uma das sobremesas mais aplaudidas da sua lavra, um finíssimo *pirog*, que consiste em pedacinhos de maçã como recheio de uma massa fofa, do jeito que os deuses gostam. Dava um trabalho do cão pra ela e, claro que eu não ia negar, pois não tinha cabimento cultivar o egoísmo, já que a gente dividia tudo.

No tempo em que o guerrilheiro da ALN ficou conosco, comeu da nossa mesma comida, pois minha mãe mandava muita, daí, achei legal ele mandar um doce para a jaula ao lado da nossa, porque naquela situação deprimente, um doce dava um certo *up*, trazia algum ânimo, alguma esperança de que um dia aquilo ia acabar dando a vitória aos mais justos, uma luz no fim do túnel que não se apagaria nunca, por mais longo que fosse o túnel e por mais tênue que fosse a luz lá no fim, ela estaria lá.

Então, O.R. tirou do nosso estoque um daqueles papéis laminados que envolvem os cigarros, pegou um fósforo queimado (a gente sempre pedia ao Alemão) e foi ao "banheiro". Daí a pouco me chamou e pude ver que ele tinha escrito no papel laminado "eu não estive na reunião na casa do Euclides". Dobrou cuidadosamente e colocou bem escondido numa fresta do enrolado. Fiquei impressionado, como ele teve essa ideia, como conseguiu escrever com aquele toco de fósforo queimado. Logo em seguida. chamou o Alemão. A gente já tinha ficado meio chapa dele, pois, ficar de mal com o cara que ligava a gente com o mundo exterior não seria bom negócio, apesar de ele ser o que era, mais um Brilhante Ustra.

Então o Alemão apareceu e O.R. pediu, com cara de quem mandava um presente de aniversário: "você poderia levar esse doce para a minha amiga Lúcia?" E o Alemão levou, sem examinar nada, confiando que era um gesto de solidariedade, apenas um doce, quando o doce era o de menos e o de mais era um recado fundamental que poderia evitar novas torturas se ele ou a Lúcia fossem flagrados em contradição.

Dia 29

Eu disse a O.R. que não conseguia entender como ele, um comunista, podia ser ao mesmo tempo cristão, se Marx chamava a religião de ópio do povo. Como é que ele podia ser ao mesmo tempo isso e aquilo, se na Ucrânia todas as igrejas, as sinagogas e templos de outras religiões foram destruídos ou fechados, se em casa a gente não podia respeitar o *shabat* nem as festas religiosas sem correr o risco de os vizinhos nos denunciarem sem precisarem de provas, pois bastaria um vizinho dizer "eles celebraram o *shabat*", para a polícia acreditar e tomar providências imediatas, sem submeter o caso a um juiz. O delegado mesmo, podia fazer o que quisesse, mandar prender, deportar, com todo mundo achando que era normal e aceitável vizinhos denunciarem e um delegado deportar alguém para a Sibéria. Por isso, eu jamais cogitava lembrar o *shabat*, jamais contava ao vizinho que era judeu, e, quando digo vizinho. não era o cara da porta ao lado, mas a família que dividia a casa conosco, pois a parte térrea do sobrado era nossa, o piso de cima era deles e a cozinha e o banheiro eram comuns.

Nós tentávamos esconder, mas eles sabiam que éramos judeus, pois éramos diferentes deles. Morávamos na mesma casa, mas tínhamos que tomar cuidado para não falar alto porque eles poderiam ouvir o que não queríamos que ouvissem.

Tínhamos de ouvir a *Voz da América* pelo rádio embaixo da cama, outro pecado que o vizinho podia denunciar ao delegado.

O vizinho não podia saber que meu pai de vez em quando pintava a casa de um conhecido para ganhar um dinheirinho extra, tendo que sair escondido, à noite, porque também não se podia prestar serviços particulares, pois todos, sem exceção, eram empregados do Estado.

Meu pai, pintor profissional, tinha sido funcionário numa fábrica de tintas, e minha tia, trabalhadora em um empório do Estado, de onde desviava alguns produtos como um pedaço de salame de vez em quando para a sua família e para a nossa.

Minha mãe, por sua vez, foi secretária na agência da polícia secreta da minha cidade, meu tio médico-legista, também trabalhava para o Estado e o outro tio era fotógrafo do ditador de plantão, mais bonachão que Stalin, mas não menos ditador. Todos, servidores de um só patrão, o Estado.

Percebi que O.R. ficou meio desconfortável com essas observações, pois não queria acreditar que o regime descrito por mim era o mesmo com o qual sonhava, pelo qual entregaria a própria vida.

Talvez eu estivesse exagerando, talvez a história da minha família fosse uma exceção, talvez o que faltava fosse Deus e é por isso que o comunismo com o qual ele flertava tinha religião, igreja, rezas, orações, Bíblia, igreja da libertação.

O sofrimento de Jesus era o sofrimento dos oprimidos. Jesus era comunista.

Eu contesto tudo isso porque, quando ainda era muito criança, ia à sinagoga obrigado pela minha família, porque meu tio era um cara importante na colônia. Ele ia, então a gente, que ele tinha "salvo das garras do comunismo", também tinha que ir, embora nunca gostasse daquele ambiente, daquelas palavras de adoração que não tinham significado para mim. Sempre achei que Deus foi inventado por homens e não tinha como ser diferente, porque só o homem poderia ter criado Deus. Nenhum outro animal, nenhuma outra planta, nenhum dinossauro poderia ter criado Deus. Então, para mim, não foi Deus quem criou o homem à sua imagem e semelhança e sim o homem quem criou Deus à sua imagem e semelhança, ou seja, semelhante à imagem ideal que o homem projeta de si próprio, um velhinho de longos cabelos e longas barbas brancas, intrinsecamente bom, que anda sobre as nuvens apoiado em seu cajado e comandando um exército de anjos (para os cristãos).

Essa lenda tem a sua graça e a sua beleza, sendo a história de um Deus que olha por todo mundo, que atende os pedidos de quem for bom e que castiga os maus. Me desculpem os crentes, mas isso é história da carochinha em que só criança deveria acreditar, como a lenda do Papai Noel. Não faz sentido para mim, pois quem premia e castiga somos nós mesmos, cada um é seu próprio Deus e não tem que pedir nada, nem tem a quem pedir. Isso é mais uma loucura da humanidade, talvez a primeira, e a mãe de todas as guerras, tudo começando quando Abraão convenceu os outros de que tinha falado com Deus. Mas, depois de 2 mil anos acreditar de pés juntos que somos marionetes de um ser superior que maneja nosso destino a seu bel prazer é dose pra elefante, embora não se possa negar que a maioria das pessoas acredita, senão as bíblias não venderiam aos milhões, nem haveria tantos templos, nem haveria tantos pregadores do apocalipse.

Fiz esse arrazoado todo, enquanto O.R., muito silencioso, apenas meditava, até que ele perguntou:

"Você nunca rezou?"

Baruch e Sheva, meus avós, com meu tio George em Kurilovitz

Dia 30

Do pequeno balcão do terceiro andar eu tinha uma visão perfeita daquela rua sem graça, sem árvores, sem flores, uma rua sem perfume que eu podia ver quase do começo ao fim, com duas mãos de direção, com trilhos do bonde em direção à cidade e de volta dela. Era chamada de "a rua das noivas" porque tinha muitas lojas de vestidos de noiva, essa coisa de cerimônia de casamento que eu sempre detestei desde criança, pois jamais me vi casando com alguém vestida de noiva. Sempre tive ojeriza de festa de casamento.

Nesse dia eu tinha uns nove ou dez anos e costumava ficar no balcão no fim da tarde para ver meu pai descer do bonde com as duas sacolas carregadas, ou nem tanto, pois dependia de quanto ele tinha vendido. Ficava contente quando as sacolas vinham vazias pois significava que ele teve sorte e fez bons negócios.

Eu era muito novo e muito burro para saber que aquele cara alto que era meu pai (eu ficava puto porque meu pai era alto e eu, baixo como a minha mãe), que às vezes destilava um certo mau humor e que desceria do bonde em poucos minutos, tinha tido uma aventura existencial que, somente hoje, agora mais velho do que ele era naquele dia, eu iria reconhecer.

Meu pai, quando criança, faltava às aulas na Polônia e, por isso, os inspetores foram um dia à sua casa perguntar a razão de tantas faltas e descobriram que era porque ele não tinha sapatos. Deram sapatos para ele voltar à escola.

Ele era filho de um homem profundamente religioso, quase um rabino, que estudava os livros sagrados todos os dias e seguia todos os rituais. Não havia nada mais primordial para ele, um simples e reles operário, cujo salário mal dava para esquentar sua barriga, da mulher e dos seis filhos, que obedecer às leis de Deus.

Um dia o chamaram à gerência e o gerente chegou com boas notícias. Ele seria promovido, iria ganhar o dobro, embora não fosse grande coisa, pois ganhava muito pouco. Mas, ainda assim, deu graças a Deus, levantou as mãos para o céu, afinal, suas preces tinham sido ouvidas. Mas tudo mudou de figura quando o gerente lhe disse que, a partir daquele momento, deveria trabalhar também aos sábados. Aí ele deu o dito pelo não dito, pois aquilo ele não podia fazer, já que Deus mandou descansar no sábado e pecado maior que desobedecer a Deus não havia, nem dinheiro algum pagaria para desafiar o Senhor. Definitivamente não. Deixou pra lá. Continuaria rezando para trazer pão e leite para casa, e se perguntava, com que cara faria isso se transgredisse a lei divina?

Esse era o pai do meu pai, meu avô, que chegou ao Brasil na casa dos 40 anos. Lá estava eu à espera dele, ele que saía de manhã com duas sacolas carregadas de roupa de cama, de mesa, de corpo, *shmates*, pegava o bonde que sumia na linha do horizonte, cruzava a cidade, deixava meu pai à beira da Via Anhanguera, a quilômetros de distância, de onde saía andando aleatoriamente pelas ruas e, mesmo falando muito mal o idioma, batia palmas nas casas que escolhia também por acaso, e, se dava sorte, e vinham atendê-lo, e se não houvesse um cachorro bravo, vendia alguma peça a prestação ou um cobertor em tempo de frio. Ele era um *klaper*, começara a vida aos 40 fazendo o que faziam todos os imigrantes da comunidade, vender de porta em porta, de sol a sol, vender a prazo sob a garantia de um simples cartão que comprava em papelaria, sem carimbo, sem lastro bancário, nada, um cartão que não era prova de coisa alguma, onde vinha anotado quanto o freguês deveria pagar por mês e quantas prestações faltavam. Então meu pai tinha que fazer a venda, depois cobrar os pagamentos, fazer novas vendas, tudo sozinho porque minha mãe ficava em casa cuidando de mim e do meu irmão.

E lá estava eu no balcão do andar daquele prédio feio, mas sem pagar aluguel porque meu tio era o dono.

A noite começava a se manifestar e eu não sabia direito que horas eram, mas sabia que estava ficando tarde e já tinha passado da hora de ele chegar.

A rua, que era sem graça, ficava mais sem graça ainda, pois as luzinhas trêmulas me irritavam.

Comecei a ficar nervoso e a perguntar à minha mãe por que meu pai estava demorando e é claro que ela não sabia. No começo tentou me tranquilizar, só que o relógio não parava de andar e ela também foi ficando preocupada, por isso, já não me consolava. Ela era quem precisava ser consolada porque aquilo nunca tinha acontecido antes, meu pai nunca falhou, era de casa pro trabalho, do trabalho para casa, não era do tipo que no meio do caminho fazia um *pit-stop* num botequim e batia um samba na caixinha de fósforo. Isso não, meu pai era um trabalhador braçal, incansável, portanto, o atraso era inexplicável.

Não tínhamos rádio nem telefone para saber o que podia ter acontecido. Meu pai não chegava.

Então, contei a O.R., que teve uma hora que eu me tranquei no banheiro e, depois de puxar o trinco, não fui à pia, nem ao chuveiro, só comecei a dizer umas palavras, em voz alta. Eu disse assim, e não sei de onde essas palavras vieram, pois eu nunca as tinha lido, ninguém me contou, mas foi assim que eu disse:

"Senhor, por favor, Senhor, traga meu pai são e salvo, Senhor."

"Senhor, por favor, Senhor, traga meu pai são e salvo, Senhor."

Repeti essa reza várias vezes, e só não repeti mais porque uma hora minha mãe bateu na porta, preocupada comigo. O que eu estava fazendo lá dentro, aconteceu alguma coisa?

Abri a porta, pois já estava me sentindo melhor, mas continuei aflito e a toda hora ia do quarto ao balcão, do balcão ao quarto, vigiando e rezando em silêncio, na minha cabeça:

"Senhor, por favor, Senhor, traga meu pai são e salvo, Senhor."

"Senhor, por favor, Senhor, traga meu pai são e salvo, Senhor."

Passava da meia-noite quando meu pai finalmente chegou, exaurido, acabado. Nunca o tinha visto tão cansado, pois ele era um cavalo de tão forte. Jogou-se numa cadeira depois dos beijos e abraços que lhe demos, pediu um copo d'água e antes de tirar os sapatos, que lhe davam calos muito doloridos, contou a sua saga. Os bondes tinham entrado em greve e ele teve que andar coisa de vinte quilômetros da Via Anhanguera até a Rua São Caetano, seguindo a linha do bonde e não descansando um minuto sequer. Não pôde avisar.

Quando ele foi para a cama, eu, de novo, me tranquei no banheiro e agradeci, em voz alta:

"Senhor, por favor, Senhor, traga meu pai são e salvo, Senhor."

Dia 31

O Alemão se aproximou das grades e veio puxar conversa.

"Que história era essa de você nunca ser chamado ao segundo andar? Chamam todo mundo, menos você. Que privilégio é esse, qual é o seu esquema?"

Eu não sabia se ele falava a sério ou estava tirando um sarro, nunca sabia porque a cara dele era sempre a mesma, aquela cara de cachorro satisfeito, de língua pra fora, um cachorro de olhos sorridentes.

Eu também não sabia, e às vezes também me perguntava se tinha algum anjo da guarda me protegendo, mas isso não me deixava menos atormentado porque quanto mais tempo passava sem que eu fosse levado ao segundo andar, mais próximo podia estar o dia em que eu iria. Também, às vezes me achava meio privilegiado e me perguntava, por que eles e não eu? Mas, cacete, eu nem sabia o que estava fazendo ali, não conhecia ninguém, não poderia delatar, não tinha informações, não tinha ficha pregressa, nada disso, e a única acusação era que eu seria um tal de Hippie da AP, e isso não teria muita importância se não fosse dito pelo chefe dos chefes, Brilhante Ustra em pessoa. Ele disse que eu era o Hippie da AP e que eles iriam provar, mas, estariam procurando provas até agora? Se não perdiam tempo comigo me torturando, por que perdiam tempo me investigando? Tempo é dinheiro em qualquer lugar do planeta e muito mais aqui dentro, pensava.

O que Brilhante Ustra não disse foi do que o tal Hippie da AP era acusado. Será que de matar alguém? De subverter a ordem, de comandar passeatas? Afinal qual teria sido o "crime" do Hippie da AP?

Mas, para quê falar disso com o Alemão, se não podia brigar com ele, pois era ele quem me trazia comida e jornal todo santo dia? Fiz uma cara de interrogação. Sei lá por que não me levavam, devia ser porque tinha gente mais importante do que eu para ir para o pau, era peixe pequeno, ou melhor, nem peixe eu era, era uma minhoca. Não li Marx no original, não queria fazer uma revolução comunista, era mais "faça amor, não faça a guerra" e não comandava ninguém nem era comandado. Então, não era eu quem devia explicações, eram eles, vocês, eu diria ao Alemão, se fosse mais atrevido, mas também mais inconsequente. Melhor o Alemão falar, pois aqui ganha mais quem mais escuta que fala.

O Alemão disse que a minha sorte era que a turma do Esquadrão da Morte não estava por ali e que fazia tempo que não aparecia. Só de vez em quando batiam o ponto ali. Falava com admiração e entusiasmo. Os caras não davam ponto sem nó.

O Alemão conheceu Sérgio Fleury em pessoa, de longe, é claro, no gabinete do Brilhante Ustra. Entrou para servir o café, e lá estava o terrível carniceiro que matava, mas matava gente ruim, segundo ele. E quanto menos gente ruim no mundo, melhor. Ele também conheceu de perto o Fininho. Esse sim, não era de gabinete, era um cara cem por cento, gostava de beber com o pessoal no boteco, a gente da ralé, gostava de uma boa conversa e não parava de falar. Um cara aberto, sincero, e muito profissional, tanto que chegou aonde chegou, quase no topo. Falava pelos cotovelos, amava mandar pros quintos dos infernos quem não prestava, fazia uns bicos ali, quando chamavam, porque o trabalho principal era caçar bandido comum, mas em casos especiais, quando tinha ordem de pegar um cara perigoso, ele ia pra lá, não tinha medo de cara feia.

O alemão disse: "A última vez foi há pouco, acho que em abril, sim foi em abril, um trabalho em que, pra variar, Fininho foi muito elogiado porque foi colaborativo e humilde. Um cara como ele, com a sua história, poderia exigir o que quisesse, dar o tiro fatal, por exemplo, mas ele não, aceitou fazer o papel que o Freddy Perdigão mandou, seguir o elemento durante alguns dias para saber seus hábitos, aonde ia e a que horas. Tinha que seguir não de tão perto que o cara percebesse, nem de tão longe que perdesse sua pista, dia e noite, fazendo campana. É trabalho de Jó, não é para alguém como Fininho, mas ele fez, seguiu o sujeito e, no dia combinado, foi como motorista da Veraneio C-14 que saiu cedinho da rua Tutóia, do pátio do DOI-Codi.

"Fininho estava acompanhado por mais três colegas, dois deles também da equipe do Fleury, e atrás deles seguiram outros dois veículos disfarçados. Ele contou tudo pra gente, no boteco. A Veraneio seguiu pela rua Tutóia até virar à direita na Brigadeiro Luiz Antônio, subiu a ladeira até a Paulista, atravessou a avenida, e depois entrou, à esquerda, na alameda Ribeirão Preto. Seguiu em frente e, mais adiante, já na rua Antônio Carlos, dobrou à esquerda na Consolação, dobrou de novo à direita, e ao entrar na avenida Angélica, diminuiu a velocidade".

"Fininho avisou que estavam chegando ao alvo, todos deveriam estar prontos".

"Eram 7h40 no relógio quando Fininho brecou quase na esquina da rua Sergipe e apontou para um rapaz cabeludo e de barba que estava no ponto esperando o ônibus. Os outros policiais desceram, e então o cabeludo sacou a sua arma, uma 38. Houve um cerrado tiroteio e o cara finalmente foi finalizado, quer dizer, morreu em cerrado tiroteio. Foi o que Fininho contou para nós lá no boteco. Tem prova que foi isso mesmo, exame no IML, essas coisas todas. Foi tudo muito bem provado".

Dia 32

No dia seguinte compartilhei com O.R. o que o Alemão tinha contado pra mim, esperando que ele dissesse que não podia ser verdade.

"Fleury e Fininho no DOI-Codi? Eles matam bandidos comuns e Esquadrão da Morte não se mistura com política".

O Alemão inventou aquilo pra se exibir, ou tinha informações privilegiadas? Ou teria sido para me assustar? Ou ele desconfiou de mim porque eu não subia ao segundo andar?

O.R. pensou um pouco e perguntou: "espera aí, isso aconteceu na Angélica com Sergipe? Em abril?"

Sim, respondi. Foi em abril, o Alemão falou abril, um tiroteio, eles sempre dizem tiroteio cerrado.

"Agora me lembro", disse O.R. Foi quando caiu uma célula da ALN e mataram o 'Papa'. Tem uma testemunha-chave, se não me engano, chama-se Paulo, um estudante de Geologia que morava naquela área e, naquele dia, precisamente naquela hora, estava subindo a pé a Angélica, pois tinha uma reunião de trabalho na Companhia do Metrô, onde conseguiu um estágio. Ele estava com pressa andando pela calçada direita da avenida e então, logo depois de cruzar a rua Sergipe, viu uma Veraneio creme estacionar bruscamente em frente ao ponto de ônibus do outro lado da rua a uns dez, doze metros dele. Parou assustado com a freada brusca. Então ele viu perfeitamente dois caras descerem da Veraneio atirando.

Um deles atirou num sujeito muito cabeludo que estava esperando a condução. Ele foi escorregando encostado no muro e então um dos caras chegou mais perto e deu mais um tiro, o tiro de misericórdia, no rosto, e, quando o morto já estava estendido na calçada. O motorista da Veraneio também saiu do veículo e plantou dois revólveres nele, um na cintura, outro na mão.

Se o Alemão disse que o motorista era o Fininho, então foi o Fininho. Foi execução sumária, entregaram o caixão à família lacrado, ninguém viu o corpo do "Papa."

Foi a resposta que eu não queria ouvir.

Então é verdade que o Esquadrão da Morte anda por aqui, pensei.

Dia 33

Eu fui o primeiro a saber que as tropas do Egito e da Síria invadiram os territórios que Israel tomou deles em 1967, na Guerra dos Seis Dias, mas nem sempre é bom saber primeiro. Preferia não saber nunca.

"Tropas invadiram ontem territórios ocupados por Israel às margens do Canal de Suez, onde ocorreram os mais violentos combates desde a Guerra dos Seis Dias."

Vai sobrar pra mim, pois eles sabem que eu estive em Israel, e, por isso vão me investigar de novo, pensei.

O ministro da Defesa de Israel tinha um tapa-olho de Capitão Gancho no lado esquerdo.

Moshe Dayan, Moisés, aquele que guiou o povo até a terra prometida, a terra do leite e do mel, durante quarenta anos.

"A batalha será decidida no deserto nos próximos dias", disse Dayan, naquele deserto da longa caminhada, onde os camelos são mais úteis que homens.

Eles já sabiam que eu tinha viajado a Israel e isso bastava para quererem saber o que fui fazer lá. Fui visitar meu irmão que morava num *kibutz* e era nisso que eles precisavam acreditar. Eles precisavam acreditar que eu fiquei hospedado no apartamento do meu tio em Tel Aviv, que eu estava desocupado, que passava boa parte do dia ouvindo Gal Costa na vitrola, que era um turista que não fazia turismo, mas quando passeava nas ruas mais bonitas de Tel Aviv, aquelas com árvores frondosas, altas e gordas, ficava enebriado com o perfume que pairava no ar, sem saber de onde vinha. Das flores? Das lojas de perfume? Das mulheres elegantes? Não sei, mas eram ruas perfumadas, como a rua Dizinghoff.

Fiquei assustado porque tinha soldados por todo lado, grupos de jovens sempre de verde, moças e rapazes, nos pontos de ônibus, caminhando, conversando, rindo, sempre em bandos, com um clima de guerra no ar. Muitos com armas, outros sem. Quatro anos antes tinha havido uma guerra entre Israel e Egito e aquilo me incomodava. Se tinha tanto soldado na rua era porque o país estava de plantão, ninguém pode relaxar e, se a sirene tocasse, era pra correr pro abrigo.

Eu poderia contar aos caras do DOI-Codi tudo o que fiz em Israel, mas não o que eles gostariam que eu dissesse, pois eles gostariam que eu falasse que fui treinar com o Mossad, ou com os inimigos do Mossad, ou que fui me encontrar com algum exilado político, mas nada disso me interessava, pois tinha viajado para lá porque estava meio sem rumo, queria esfriar a cabeça, ver o que fazer daí em diante, já que minha passagem pelo *Jornal da Tarde* tinha sido um fracasso. Foram nove meses esperando ser contratado e não fui. Não conseguia enxergar um horizonte e, então, minha mãe propôs, "vai ver teu irmão em Israel."

Essa palavra, "irmão", descreve quem está muito perto, mas meu irmão estava longe e eu o queria longe, o mais longe possível de mim depois daquele dia que eu nunca consegui esquecer, aquele dia horrível, quando, num passeio perto de casa encontrei o objeto.

A nossa casa, que não era nossa, ficava num terreno afastado da rua, com muitas árvores e arbustos. Algumas eram bem fortes e bem altas. Eu subi em uma e numa outra, já que estava ali à toa por não ter o que fazer. De repente vi o objeto numa delas, entre um galho e outro. Cheguei mais perto e vi que era o boletim escolar do meu irmão! Que achado! Uns dias atrás minha mãe tinha perguntado para ele onde estava seu boletim e ele disse que tinha perdido. Eu o achei. O vento trouxe o boletim até aquela árvore, só podia ter sido isso. Peguei o boletim e fui correndo pra casa. Antes de entrar, gritei: "mamãe, mamãe, achei o boletim do Leonia!" Na cozinha, minha mãe abaixou o fogo para o jantar não queimar, limpou as mãos no avental, tomou o boletim da minha mão e o abriu. Notei que seu rosto, quase sempre rosado, foi ficando pálido e seu corpo paralisou feito estátua, enquanto olhava o boletim de alto a baixo, de um lado a outro, como que querendo que não fosse verdade. Mostrou para mim todas as notas vermelhas, todas.

Ficamos os dois em silêncio.

Minha mãe costumava falar muito. Por isso, quando ficava em silêncio era porque alguma coisa estava errada.

Então seu filho tinha mentido, não perdeu o boletim, mas o jogou fora! Essa foi a primeira mentira. A segunda mentira eram as notas vermelhas. Que vergonha a professora saber que o filho de minha mãe era um mau aluno. Ela ficou muito mal naquela hora e ia ficar pior quando seu filho chegasse porque teria que dar uma bronca nele, e pior ainda quando seu marido voltasse porque ela ia ter de contar pra ele, o que aumentaria seu sofrimento, e depois iria sofrer mais porque o marido podia partir para cima do filho com safanões. Minha mãe iria querer proteger seu filho, então ficaria brava com meu pai. Ficaria do lado de Leonia contra o marido e sua mão pesada, pois ele não iria perdoar nem a mentira nem as notas porque não tolerava mentiras, muito menos dos filhos. Não via outro jeito de ensinar senão sentando a mão ou fustigando as costas com uma cinta de couro que reservava para aquelas ocasiões.

Meu irmão ficou no mato sem cachorro, pediu desculpas de joelhos, jurou por tudo que era sagrado que nunca mais ia fazer aquilo, jurou que ia estudar mais para melhorar as notas. Apavorado, fazia as promessas com um olho na mãe e outro na cinta.

Eu olhava aquilo sem acreditar, pois meu irmão, que dava uma de valente, que sempre se valeu de ser quatro anos mais velho que eu, mais alto e mais forte, estava ali feito galinha, diante do gigante do meu pai.

Minha mãe já não sabia se ficava mais brava com ele ou com meu pai, que não parava de ameaçar com o cinto.

Leonia, depois de prometer isso e aquilo, já nem sabia mais o que prometer, mas continuava e até lágrimas conseguia derramar numa cena humilhante.

Meu pai não disse nada, esperou meu irmão parar de chorar e se acalmou.

Minha mãe então abraçou meu irmão, jantamos e fomos dormir.

E O.R. também adormeceu no meio da história.

Dia 34

No dia seguinte contei a O.R. o que tinha acontecido no dia posterior àquele em que achei o boletim do meu irmão numa árvore perto de casa.

E só quando eu ia começar a contar me dei conta que estava confundindo cenas e datas porque esse episódio do boletim aconteceu quando eu tinha oito anos e ele, doze.

Não tinha acontecido nada no dia seguinte, mas, só quando eu ia contar a O.R., percebi que me enganei, pois o dia que eu queria mencionar não aconteceu na Ucrânia, mas no Brasil, não lembro exatamente o porquê, nem onde a gente estava, mas tenho a vaga impressão de que era um quarto de paredes brancas, num apartamento onde estávamos só eu e meu irmão, e, por algum motivo, ele partiu pra cima de mim, mais alto e mais forte do que eu, e então me derrubou no chão e passou a me chutar. Foi horrível. Eu tentava me defender, mas os chutes dele eram mais fortes que as minhas mãos. Só consegui proteger o rosto e no rosto ele não chutou. Não sangrei, mas aquele dia ficou de tal forma gravado na minha cabeça, que, depois da surra eu nunca mais consegui ver meu irmão como via antes, no tempo em que a gente brincava de drible ou de chute em gol no quintal de casa na Ucrânia.

Não consegui perdoar meu irmão por causa daquele dia, embora não tenha parado de falar com ele. Falava, mas eram palavras vazias. Não é que tenha passado a odiar, isso não, mas perdi o afeto por ele desde aquele dia e não queria mais ficar perto dele, só isso. E quando ficava perto dele, tentava disfarçar minha rejeição, meu repúdio.

Senti até um certo alívio quando ele foi morar em Israel, se casou, teve filhos.

E para lá fui eu ao seu novo país. Isso foi há dois anos.

Contei tudo isso a O.R.. Meu irmão nunca reclamou da minha atitude distante, nem sei se algum dia percebeu, pois sempre me tratava muito bem, queria me agradar. Eu até me esforçava para apagar aquela cena da surra, mas não conseguia, pois quando via ou ouvia meu irmão, imediatamente aquela cena rodava na minha cabeça, não porque eu quisesse, era automático. O rosto e a voz dele me lembravam aquele dia fatal, embora ele fizesse de tudo, tudo mesmo por mim. Até me levou a uma praça de Tel Aviv onde, ao lado de uma estátua, um cara me vendeu alguns "dedos" de haxixe, sete ou oito, a cinco dólares cada, que eu trouxe para o Brasil, escondidos em tubos de pasta de dentes e creme de barbear.

Dia 35

Eu me sentia moralmente inferior ao O.R., muito inferior, pois observava meu companheiro de jaula que, quando não estava no segundo andar, vivia sempre preocupado com as pessoas de quem cuidava.

Eram várias famílias, embora ele nunca falasse da sua própria, aquela tradicional, o pai, a mãe, os irmãos. Não, sua família era muito maior, eram muitos camponeses semianalfabetos e superexplorados a quem ele ensinava, dando aulas de português, matemática, de política. Cuidava de muita gente e sonhava continuar a cuidar enquanto estava ali, mas sabia que dali iria para o presídio e, depois disso, depois de passar por tanto sofrimento, não iria desistir, não fugiria, mas voltaria para o seu lugar junto da sua grande família e começaria tudo de novo.

Faria de novo o trabalho que o sujeitaria a ser preso novamente, a ser torturado de novo. Ele sabia de tudo isso, mas não pegaria outro trilho.

Eu me sentia um pequeno burguês egoísta porque todo dia pensava em quem? Em minha namorada, em minha mãe, em meu pai. Eu pensava nesse mundo pequeno e só o que queria era voltar para ele, mas O.R. não, ele queria mudar o mundo e tinha certeza de que iria. Tinha certeza de que chegaria o dia em que esses camponeses que não têm terra nem comida iriam ter o seu pedaço de terra próprio. Ele tinha certeza, por isso continuaria, mas eu não tenho certezas, pois vi o que aconteceu na Ucrânia onde ninguém ganhou pedaço de terra próprio. As fazendas coletivas não pertenciam aos camponeses, mas sim, ao Estado, e o Estado determinava as quotas de produção. Quem não alcançava a quota não recebia sementes, quem não tinha sementes não plantava, quem não plantava passava fome.

Eu não queria contar para ele essa triste novidade do passado, não queria que ele desistisse.

Ele não desistiria, mesmo se eu lhe dissesse que no futuro não haveria um pedaço de terra para todos, o futuro que almejava. Ele não acreditaria, continuaria a crer no seu sonho, pois era o novo homem que renegava "bens materiais".

E eu o admiro, pois também queria ser assim, também queria achar que o dinheiro é um pecado mortal inventado pelo diabo e que, quanto menos ricos, mais puros somos, já que é mais fácil um camelo passar pelo buraco de uma agulha do que um rico entrar no reino do céu. Mas o pobre entra no reino do céu fácil fácil, tem entrada garantida. Quem é rico não terá céu, mas quem é pobre, terá. Então é melhor ser pobre que rico, é melhor que todo o dinheiro vá para o Estado que vai cuidar de todos nós. O Estado vai nos dar o mínimo para viver, mas vai nos garantir tudo, saúde, educação, comida, sapato. Já o rico é mau-caráter, é pecador, portanto, seja pobre, seja feliz, seja pobre, seja humano. Assim você entra para o céu enquanto o rico vai arder no inferno, essa é a grande vingança. Não, não fique rico, deixe o Estado ficar rico por você. Para o Estado, tudo! Tirar seu dinheiro é a melhor forma de lhe prender, pois sem grana você não vai a lugar nenhum, está preso. Como seu raio de locomoção é limitado, você não consegue sair do país.

Falam tanto em liberdade, mas não dizem que dinheiro é sinônimo de liberdade, pois sem grana a liberdade é uma abstração, uma utopia, porque sem grana você não tem a liberdade de escolher o que vai comer, onde vai morar, não tem liberdade de viver. Ninguém vive sem amor é a frase-chave daquele filme do John Huston, *À sombra do vulcão*, mas também ninguém vive sem liberdade e ninguém vive sem dinheiro e eu queria dinheiro para escolher o que iria comer. Não queria que me dessem comida, eu queria dinheiro.

Então me lembrei de uma cena em branco e preto na minha memória: estava caminhando com minha mãe por uma rua da minha Drogobytch. Ela vestia uma roupa elegante, pois sempre teve bom gosto. Usava um chapéu bonito, uma bolsa de qualidade.

Caminhava de mãos dadas com ela, não me lembro pra onde. Eu, do lado de dentro da calçada, ela do lado de fora, tenho certeza disso. Estávamos caminhando confiantes no futuro, pois já não éramos sozinhos no mundo.

Tinha chegado uma carta do Brasil, para onde iríamos em breve. Chegou a primeira, a segunda, várias cartas.

Já sabíamos um pouco sobre aquele país estranho, sobretudo que nele havia democracia, ao contrário da Ucrânia.

Meu tio, irmão da minha mãe, era quem dizia: "venham para cá, aqui é a terra da democracia. Onde vocês estão é uma prisão. Venham para cá antes que aconteça o pior, pois aí ninguém está seguro."

Eu tentava entender o que ele dizia nas cartas que minha mãe lia e que sempre começavam por *"maí daraguiie"*, ou "meus queridos". Ele, o irmão mais velho que minha mãe, escrevia meio em russo, meio em ídiche. Em ídiche ele usava muito a palavra *"kinderlach"* ou *"maí kinderlach"*, ou "minhas criancinhas".

Eu continuava a caminhar com minha mãe e, nessa hora, a gente passava ao lado de um grande magazine, talvez a maior loja da cidade, um bloco compacto de três andares, fachada cinza como as demais fachadas.

Eu ali, minha mão esquerda agarrada na direita da minha mãe. Ela, concentrada, pensando, é claro, no Brasil.

Perguntei a ela: "mamãe, como é a tal democracia?"

Não ficou surpresa, ao contrário, parecia ter a resposta na ponta da língua.

"Democracia é assim: você entra numa loja como aquela, escolhe o que quiser e não precisa pagar nada".

Como fiquei feliz com aquelas palavras! Pegar o que eu quiser e não pagar nada, não podia haver felicidade maior para quem não tinha quase nada, como eu, pois meu único brinquedo era uma bola de plástico de duas cores que eu jogava com meu irmão, só nós dois. Não teria mais nada porque naquele lugar não se podia entrar na loja e pegar o que quisesse. Tinha que pagar. Que país horrível!

Naquela hora o que eu mais queria era chegar logo naquele país da democracia, onde ninguém precisava de dinheiro e podia ter tudo. Minha mãe, o que mais queria era uma enceradeira, uma batedeira, tudo aquilo que ela sabia que tinha nas lojas dos norte-americanos.

A América era nossa inimiga, mas uma inimiga invejável. Minha mãe não odiava os americanos como outras amigas suas. Só queria uma geladeira, uma máquina de lavar, mas o governo só queria fabricar satélites, foguetes e com eles a gente não podia fazer nada. Ela sonhava com a terra onde tudo era de graça e que se chamava democracia.

O.R. estava ali, ao meu lado, quieto, deitado no colchão. Eu tinha certeza de que ele estava sonhando com a terra onde todo mundo tinha o seu pedaço de terra e que se chamava comunismo.

Dia 36

Trinta e seis dias sem sexo para um garoto de 24 anos eram como 36 anos.

Não sei exatamente quanto, em porcentagem, o sexo representava na minha vida, mas era muito e eu tinha um carro, o que era quase um motel no tempo em que não havia motéis.

Tinha o costume de "caçar" desconhecidas na rua, oferecendo carona, o que naquele tempo era possível porque ninguém era denunciado por perguntar a uma mulher: "quer uma carona?" A mulher não se assustava com isso, e, mesmo que algumas não respondessem nada, iam em frente. Outras paravam para conversar, outras entravam no carro, mas nenhuma respondia com grosseria. Claro, eu também não era grosseiro, mas gentil. Perguntava: "Para onde vai? Quer uma carona? Eu te levo". Às vezes a menina topava a carona, e o lugar para onde ia era completamente fora da minha rota, mas aí eu já tinha prometido levar.

Durante essas viagens a conversa continuava valendo mais que os gestos.

Eu me achava ridículo contando esses pecados pequeno-burgueses ao O.R., que nunca teve carro, e que, se tivesse não iria gastar combustível "caçando" mulheres para matar sua sede de amor. Usaria o carro para levar uma grávida à maternidade, de madrugada, no meio de um temporal, ou para levar uma criança, urgente, ao pronto-socorro, porque teria engolido um botão.

Eu me achava o último homem do mundo, preocupado com a minha libido, mas a gente precisava falar sobre alguma coisa, e quanto mais longe da nossa realidade, melhor.

Então perguntei se ele tinha namorada e como ela era.

Disse que não, não tinha tempo para isso, assim como não tinha tempo para fumar maconha. Namorada só depois que a vida melhorasse, não a vida dele, que não era egoísta como eu, mas a vida de todos. Como disse Maiakovski: "todos ou ninguém" e ele não abria mão dessa divisa "todos ou ninguém". Até a libido ele sabia controlar. Sabia dizer a si próprio que seu pênis não deveria ficar diferente, como é natural, como manda a natureza, em reação a alguma imagem, a uma mulher deslumbrante, por exemplo. E se ficasse diferente deveria voltar ao normal, talvez com orações, não sei, pois não sei como fazem os padres.

Eu só tinha perguntado se ele tinha namorada e ele disse que não, sem querer entrar muito naquele assunto. Eu, na verdade, não queria falar dele, mas queria que eu falasse de mim mesmo.

Um brasileiro pouco se interessar por ao menos falar de sexo e um ucraniano, falar, isso, sim, seria incomum.

Então disse a ele que o sexo era assunto proibido na Ucrânia, que eu, quando pequeno, pensava que as crianças nasciam quando um homem e uma mulher se beijavam na boca e que, quando cheguei ao Brasil e aprendi as primeiras palavras em português, sentia muita pressão em torno de mim porque perguntavam: "já tem uma namorada?". Disse que desde muito cedo eu me preocupava em arrumar uma, sem entender muito bem o que era namorar.

O.R. achava muita graça ouvindo isso, e o que eu queria era isso mesmo, ou seja, tirar sua cabeça do castelo do Brilhante Ustra, por alguns minutos.

A primeira menina que me atraiu foi quando eu tinha nove anos, ou melhor, o que me atraiu nela foi o seu estojo de lápis coloridos.

A sua carteira ficava na fileira ao lado da minha e eu podia muito bem conversar com ela, mas só olhava os seus lápis coloridos, fazendo planos na minha cabeça de um dia namorá-la, mesmo sem nunca falar com ela.

Até que um dia tomei coragem, atravessei a rua, entrei no bazar de aviamentos e pedi para usar o telefone. Coloquei o número do telefone dela na minha frente, num papelzinho, olhei o disco com os números, cada número com seu orifício redondo. Era só colocar o dedo no orifício e girar o disco, um ato aparentemente fácil, mas na hora fui tomado por um estranho nervosismo e fiquei paralisado, não sabendo se era para girar um número de cada vez ou todos juntos.

Já tinha uma fila atrás de mim e o funcionário do bazar me olhava com cara feia. Eu, suando frio, nem sabia o que fazer nem tinha coragem de perguntar. Tentei uma, duas, três vezes.

"Ô, garoto, alugou o telefone?"

Comecei também a ficar vermelho, acho que de vergonha de não saber telefonar e de outros ficarem sabendo que eu não sabia.

Guardei o papelzinho com o número dela, depositei o fone no gancho, tentei esconder meu rosto, saí do bazar e, naquele mesmo momento, desisti de pedir em namoro aquela que seria minha primeira namorada.

Não sabia telefonar, e pedi-la em namoro, cara a cara, aí já seria querer demais, pois eu não tinha a menor ideia de como se fazia isso, qual seria a pergunta certa. "Você quer namorar comigo?" E o meu grande pavor era o que ela responderia. E se dissesse: "não, seu idiota"? Onde eu me esconderia?

O.R. riu de mim e eu achei até bom porque ele ainda conseguia rir. Podia ser de mim, de qualquer coisa, mas era importante que risse porque chorar puxa para baixo e sorrir leva para cima. Os torturadores nunca riem nem deixam que suas vítimas riam, porque rir é uma espécie de alimento da alma e quem consegue rir fica mais forte, e tudo o que os torturadores querem é que suas vítimas fiquem frágeis, que seus músculos sejam reduzidos a palha.

Era proibido rir no DOI-Codi.

Dia 37

O cara que pediu licença para entrar na minha jaula era totalmente diferente das outras pessoas que eu tinha encontrado ali. Aliás, só homens, não vi mulheres "torturadoras" ou sequestradoras ou investigadoras, só homens. Mulheres, só as presas.

O cara que entrou usava terno (primeira diferença), tinha cabelos encaracolados, ou era ruivo, ou loiro? Usava aqueles óculos de aro. Podia ser o quê, um engenheiro ou um professor, algo assim? Nem sua roupa, nem sua cara, nem suas palavras tinham alguma coisa a ver com aquele ambiente irrespirável, espúrio, contaminado, pois o cara parecia ter vindo de outro planeta. Veio conversar comigo, não me chamou para conversar com ele. Ele é que veio, me parecendo até muito bonzinho demais. Enquanto ele falava eu pensava se era verdade o que dizia, ou se tudo aquilo era cenário com ele fazendo um papel, como eu certa vez fiz numa peça de fim de ano da escola. Eu fiz o diabo, mas um diabo engraçado, que mandava para a fogueira os professores mais chatos e babacas.

O cara deu a impressão de estar ao meu lado: "você está aqui tempo demais".

Mesmo desconfiando, resolvi conversar com ele, concordando. Disse que não sabia até então o que estava fazendo ali e que não era de grupo subversivo nenhum.

"Parece que não é mesmo", ele concordou. E ainda falou que era contra aquilo de deixar muito tempo pessoas que não são militantes junto com militantes porque estes aproveitavam para cooptar mais um "soldado".

"Eu estou perdendo o ano letivo por faltas", reclamei. "Não vou conseguir passar de ano."

Ele me tranquilizou dizendo que depois que eu saísse iria receber um documento provando que estive ali e minhas faltas seriam abonadas.

"Vou perder meu trabalho na Editora Abril", protestei. "Não se preocupe, você vai receber um papel justificando sua ausência".

O cara parecia compreensivo, quase pedindo desculpas por eu estar ali.

Eu achei estranho ele ser tão contra aquilo que eles faziam e eram, e, mesmo assim, sendo ele claramente tão diferente dos loucos, tarados e sádicos, convivia com eles, falava com eles. Até discordava de certas coisas, mas concordava em ir lá todo dia, pois era seu endereço de trabalho. Era um cara de maneiras elegantes, até pelo modo de falar e, pelas palavras, dava para saber que estudou alguma coisa, dava para saber que leu, mas, ainda assim ele ajudava aqueles loucos, tarados e sádicos a fazerem funcionar aquela máquina de moer gente.

Aí ele explicou que os caras do segundo andar estavam de fato investigando o que eu fui fazer em Israel dois anos antes.

"Fui visitar meu irmão", disse ao estranho visitante que não falou quem era e nem eu perguntei, porque nem interessava.

Então era por isso estavam demorando a me liberar. Mas, se depender dele (que não sei quem é), pensei, será em breve. Só não perguntei a ele se o motivo da demora não seriam as latas, e se podia acontecer alguma coisa comigo por causa delas. Essa ideia não ia embora, por isso, eu estava sempre grilado achando que tudo aquilo era só o preâmbulo.

Dia 38

O lugar onde estava agora parecia uma sala de aula com as janelas abertas, dando para um pátio onde eu podia ver algumas árvores e algumas viaturas. Havia umas, sei lá, vinte carteiras escolares e um cara que parecia o professor, mas não tinha quadro-negro.

O cara, em uniforme militar, distribuiu umas folhas para cada um de nós e a que eu recebi era uma lista de perguntas.

"Respondam a verdade", disse o instrutor.

Comecei a ler as perguntas. A primeira era: "quando entrou para a organização?" A segunda, "por que entrou para a organização?" A terceira, "se arrepende de ter entrado para a organização?"

Eu não sabia o que responder, por isso, perguntei ao "professor", em particular: o que eu respondo, se não sou de organização nenhuma?

Ele não deu muita bola: "responda só a verdade".

A verdade, disse a ele, é que não sou de organização nenhuma, por isso não posso responder quando entrei porque não entrei. e nem posso responder se me arrependi porque, se não entrei, não tenho do que me arrepender.

"Ah, então não se arrepende? Você tem que responder a verdade", repetiu o professor. "Responda de acordo com a sua consciência."

Estava pronto para responder, mas tinha medo de tirar zero naquele ato de contrição com todos respondendo às perguntas direitinho: qual organização, por quê, quando... Mas a minha resposta era: não sou de organização nenhuma. Nunca entrei e não me arrependo porque nunca entrei. O "não me arrependo", embora fosse verdade, não sei, eles poderiam entender como ato de rebeldia, pois não precisava muito para eles ficarem furiosos. Mas se eu dissesse que me arrependia, teria que dizer qual era a organização e porque entrei.

Não queria ser o primeiro a sair da sala, poderia parecer protesto. Então, fiquei enrolando.

Dia 39

"Brotou", disse O.R., mostrando o copinho com água pela metade e o broto nascendo de uma fenda do caroço de abacate.

Feliz como uma criança, olhava para aquilo como um grande troféu, como o Santo Graal.

"É vida!"

Ele precisava da vida perto dele para a morte ir embora.

"Pode parecer ingênuo pensar que uma plantinha frágil pode afastar algo tão poderoso quanto a morte", ele disse, "mas ela pode, talvez não sozinha, talvez não só uma, mas se tua mãe trouxer um abacate todo dia, vamos ter um caroço todo dia, e do caroço vão brotar novas vidas, não sei quantas exatamente e não sei quantos caroços de abacate podem ser mais fortes que a morte. Então vamos testar, a começar por este. Veja com que força ele rompe a casca, não estou dizendo que é forte? Parece que não é, e por isso fica mais forte ainda, porque não assusta ninguém, nem a morte, e como não assusta ninguém, não amedronta, mas aos poucos vai pondo para fora suas garras, e ninguém nota, porque o caroço é um coração."

caroço de abacate
coração que bate

Dia 40

Fazíamos ginástica. Sempre fui péssimo nisso desde o colégio. Era a aula que eu mais detestava, pois não conseguia fazer nenhum daqueles exercícios acrobáticos como plantar bananeira ou me pendurar nas argolas. Nem me liguei nisso mais tarde porque sempre fui da turma do barril e a turma do barril detestava tudo que era certinho, como fazer ginástica, por exemplo. Não tinha essa de manter o corpo "saudável". "Saúde" era o que a gente dizia quando entornava mais um copo.

"É a primeira vez que estou fazendo ginástica", disse ao O.R., o pai da ideia.

"Não podemos ficar parados", ele respondeu com razão, pois era muito importante dar aqueles saltos, correr sem sair do lugar, fazer alongamento. Tinha também a função de preparar o corpo para o banho. Antes do banho, sempre gelado, um minuto de pulinhos e o corpo esquentava e eu nem sentia a água gelada, mas também funcionava para espantar pensamentos para baixo, já que pensamentos para baixo puxam a gente para baixo, e a gente já estava tão baixo que não era possível descer mais. A gente precisava subir, e esses pulinhos que me pareciam tão estúpidos nas aulas de ginástica, "para que serve isso?", agora serviam para alguma coisa.

E lá estávamos nós fazendo ginástica e isso queria dizer que estávamos de cueca.

De repente, vi entrar pela esquerda uma comitiva de militares de verde-oliva, pela primeira vez homens fardados que passaram por nós sem dizer nada. E nós estávamos de cuecas dentro da jaula. Eles, do lado de fora, conversavam entre si e apenas nos olharam. Então fiquei sabendo que os homens fardados conheciam aquele lugar abandonado por Deus.

Minha namorada, Eliana Pastore, na época de minha prisão

Desenhos de minha namorada: eu no meu quarto

Dia 41

O.R. pede para eu contar uma história.

Essa história aconteceu comigo e vou contá-la tal e qual aconteceu, sem aumentar nem diminuir, sem fazer juízo de valor, pois está fresca na minha memória, disse a ele.

Há dois anos, a prova de fim de ano da Escola de Cinema era dirigir um curta-metragem e eu inventei de fazer um documentário baseado no disco recém-lançado por Chico Buarque, com o qual fiquei estupefato, chamado *Construção*. O professor achou a ideia ótima e a aprovou dizendo: "vá em frente, vire-se, vá conversar com o Chico Buarque".

Então eu fui. Achei o número do telefone dele e tentei ligar várias vezes, mas sempre quem atendia era sua mulher porque ele nunca estava.

Como nunca pude deixar recado, resolvi viajar ao Rio, pois, se a montanha não vem a Maomé, Maomé vai à montanha. E, seja o que Deus quiser.

Lá fomos nós, assim, sem nada combinado, eu e minha namorada. Eu namorava uma menina linda, de olhos enormes, e que sempre sorria (sabe aquelas bonecas em que você mexe os olhos e a boca ri? Então, era ela). Tinha ficado gorda, muito gorda, de propósito, porque não aguentava mais tanto homem dando em cima dela, foi o que ela contou para mim. "Eu quis ficar gorda para ter sossego." E conseguiu.

Ficamos num hotelzinho meia-boca da rua do Catete.

Como ela tinha muito apetite e eu também, começamos a matar a fome no trem noturno, nove horas de amor. E, quando chegamos ao Rio, de manhã, resolvi ir sozinho atrás do Chico, porque não fazia sentido levar a namorada, pois era um assunto de trabalho. Não tinha ido lá para pedir autógrafo. Então ela ficou no Catete e eu peguei um táxi até a Lagoa Rodrigo de Freitas.

O táxi foi voando, brecando aqui e ali, costurando no meio das pistas, apostando corrida, com o chofer achando graça, tirando fina do carro ao lado, passando no vermelho. O cara não tinha medo de nada, mas eu me segurava no banco e entrava em pânico só de olhar o que vinha à frente através do para-brisa. Desviava o olhar para o lado. Até que ele me deixou na porta do edifício.

Cheguei sem ter avisado ninguém, mas, como poderia se o Chico não atendia o telefone?

O porteiro era um jovem que usava um uniforme de camisa marrom e gravata preta.

"O que você deseja?", perguntou.

"Quero falar com o Chico Buarque", respondi.

"Marcou com ele?"

"Não."

"Espera um pouco."

Era muito cedo, dificilmente o cara já tinha saído de casa. Uma hora meio chata, reconheci. Ele podia estar dormindo, tomando café, e nem me conhecia, nem sabia que eu viria, e eu nem sabia se ele iria querer falar comigo.

O porteiro voltou: "nada feito, ele não está."

"Ah, já saiu?"

"Saiu."

"E quando volta?"

"Não tem hora pra voltar."

"Sei. Então vou esperar aqui."

Pensei, ele não tem hora pra voltar, é o que disse a mulher dele. "Então, eu vou esperar, pois alguma hora ele volta", disse ao porteiro.

"Você é que sabe."

Ele achou estranha a minha decisão, por isso, contei o motivo da minha visita inesperada. Como todo carioca, ele era muito comunicativo e falava pelos cotovelos.

O dia estava lindo e nada podia dar errado num dia azul como aquele.

Comecei a esperar, sentado no saguão, fazendo um pacto comigo mesmo: fico aqui até ele chegar e não saio pra nada, não vou almoçar e vou segurar o xixi, pois tenho que falar com ele de qualquer jeito.

E então o porteiro disse: "você não prefere esperar na garagem?"

Acompanhei o porteiro até a garagem no subsolo enorme, quase sem nenhum carro. Me sentei num caixote e ele num outro. Então tirou do bolso da camisa um baseado de tamanho razoável, quase um charuto, acendeu, deu uma ou duas tragadas e o ofereceu a mim. Eu aceitei e a conversa fluiu, pois a maconha solta a língua, coisa impressionante. Você fuma um com o cara e de repente somos velhos conhecidos, prontos para fazermos confidências. A gente se conhecia há apenas cinco minutos. Na verdade, a gente não se conhecia nem nunca iria se conhecer, mas o baseado nos igualava, nos irmanava e éramos iguais na fumaça.

A fumaça se espalhava pela garagem, mas eu e o porteiro não estávamos nem aí, eu contando minha vida urbana, ele, sua vida no morro, eu branco, ele preto, eu, classe média, ele classe fodida. O cara tinha o maior orgulho por trabalhar no prédio onde morava Chico Buarque. Estufou o peito. "Eu aceitaria qualquer grana pra trabalhar aqui, trabalharia de graça." Ele tinha a maior consideração pelo Chico Buarque

"Se o seu Chico gostasse disso aqui, eu traria pra ele, da melhor", disse o porteiro.

De vez em quando ele voltava ao seu posto de trabalho, mas eu permanecia firme, na garagem. Atendia uma ou outra pessoa enquanto comia sua marmita, mas eu não comia nada. Deixou um baseado comigo.

O baseado tem uma coisa interessante, tanto dá a maior fome, como também alimenta. E, assim, passavam as horas.

Já estava escuro quando Chico, finalmente, chegou. Veio acompanhado de um amigo, o Cacá Diegues. Me olhou disfarçando o mal-estar. Minha cara devia estar amarrotada.

"Quem é esse maconheiro?", ele deve ter perguntado para si, mas tentou ser gentil para me recompensar pela longa espera. Me convidou para subir à cobertura. Subimos. E só quando chegamos lá, ele contou que estaria ocupado nos próximos meses filmando com o Cacá, a Maria Betânia e a Nara Leão.

Voltei frustrado ao hotel do Catete. Minha namorada estava dormindo. Cansou de me esperar.

Dia 42

Eu sonhava: quando sair daqui, ah, quando eu sair daqui ninguém vai me segurar, quando eu sair daqui tudo será simples e fácil. Tenho a impressão de que, quando sair daqui, vai ser moleza mudar o mundo. Difícil é fazer as coisas daqui, com essas grades atrapalhando e com essa falta de tudo. Não tem cadeira, não tem papel, aqui é tudo difícil. Mas imagine eu livre, porra! Eu tenho duas mãos, dois olhos, uma boca! Vou escalar a montanha mais alta do universo num segundo, vou voar sobre os precipícios sem medo de cair e nada vai me impedir de fazer nada. Vou ler numa noite todos os livros já escritos e só dá para fazer isso quem é livre. Vou ouvir todos os discos até gastar a agulha da vitrola e vou beijar todas as bocas livres que quiserem beijar minha boca livre. Quando estiver livre inventarei a invenção mais inesperada e serei mais inteligente, pois meu QI vai aumentar. Serei mais generoso, e as mulheres não ficarão tristes se eu não as amar como elas gostariam de ser amadas. Todos vão querer ser meus amigos e eu vou querer ser amigo de todos, pois tudo vai mudar quando eu estiver livre. Não haverá noites, porque serão dias após dias, com muita luz, muito sol. Dias e dias.

Dia 43

Branco, branco, branco, tudo estava pintado de branco. O chão estava coberto por um lençol interminável, alvo, alvíssimo. As árvores eram brancas, os muros eram brancos, as casas, tudo branco até a linha do horizonte onde ele se chocava com o azul puro do céu. Tudo branco como a neve. Não, tudo era neve, um espetáculo, um quadro de Chagall, faltando apenas carneiros voando e noivas casando em cima de uma nuvem. As nuvens também eram brancas.

Estava num quadro do mestre, maravilhado com tudo aquilo e nem sabia direito o que fazer primeiro. Então, peguei um punhado de neve e comi, porque neve se come, e depois peguei outros punhados e fiz um boneco.

Meus amiguinhos chegaram, também atraídos pelo cenário branco que nos hipnotizava e agora éramos uma turma disputando quem faria o boneco mais alto. Um ou outro se jogava na neve espessa para ver até onde afundava. Ríamos e corríamos, empolgados por aquele presente que tinha caído do céu e que não sabíamos direito o que era nem por que caía. O Micha, o mais velho de nós, aquele do rosto cheio de sardas, que sempre começa todas as brincadeiras, faz uma pequena bola de neve e jogou na cara do Ivan que estava distraído a uns dez metros dele. Todos riram e ele também. O Ivan percebeu que foi Micha quem jogou e se abaixou para apanhar a munição. Micha viu e saiu correndo, se escondendo atrás da árvore branca.

Outros meninos também jogavam bolas de neve uns nos outros, e era uma delícia ver o floco se espatifar no rosto da vítima.

E assim íamos nos espalhando pela área, até que deparamos com uma casinha térrea, que conhecíamos muito bem, onde morava uma velhinha muito brava, sozinha, pois o marido morrera bêbado e o filho, que voltou da guerra louco, estava no sanatório.

Quando a casinha apareceu na nossa frente com a janela aberta, Micha, mais uma vez, mandou todo mundo parar e fazer uma reunião.

Lançou uma ideia: vamos atacar a casa da *babuchka*!

Todos concordaram, menos eu, pois tinha pena da velhinha e medo do castigo. Ela era brava e iria contar para a minha mãe.

NÃO QUERO! Não vou jogar neve na velhinha pela janela, joguem vocês, porque eu não vou jogar!

"Tá bom, então fica aí assistindo."

Eu fiquei parado, ao lado de uma árvore branca, como um boneco de neve, enquanto os outros começaram a bombardear a casa, mas não durou muito porque a velhinha apareceu na porta, mais brava do que sempre, ou do que nunca, e meus amiguinhos fugiram.

"Fuja, Sacha, fuja", gritaram para mim, mas eu não liguei e não fiz nada. Não tinha por que fugir. Continuei parado como um boneco de neve, até mesmo quando vi a velhinha caminhando rapidamente na minha direção. Talvez quisesse conversar.

Não vou fugir dela, pensei. Não fiz nada. Só quando chegou bem perto, vi que estava furiosa, mas aí já era tarde. Se aproximou aos gritos, me acusando. Torceu minha orelha, e sem tirar a mão dela, me arrastou, literalmente me arrastou até a minha casa. Chegando lá, sem largar minha orelha, chamou minha mãe.

"Seu filho jogou neve na minha casa! A senhora não dá educação para ele?"

Minha mãe fez aquela cara de quem não estava entendendo nada. Estava depenando uma galinha, por isso, limpava as mãos no avental.

Disse a ela que não tinha feito nada.

"Claro que fez", insistiu a velhinha, ainda torcendo minha orelha. "Se estava junto com os moleques que fizeram, você também fez".

Se estava junto com as pessoas que fizeram, também fiz, disse a O.R.. É por isso não me deixam sair daqui. Estou junto com as pessoas que fizeram, completei.

Dia 44

Está bem, vocês venceram, é melhor mesmo eu ficar aqui para sempre, pois aqui tudo está resolvido. Na hora do almoço chega a comida da minha mãe com o jornal da véspera. Tá, é de ontem, mas tudo bem, chega todo dia, não falha. Aqui eu não preciso de grana e não preciso ficar na fila do banco. Não tem congestionamento, enchente... Aqui tudo está resolvido. Não posso sair, e isso não é bom, mas se não saio também não corro risco de ser assaltado, de levar um soco de algum louco solto na rua, de ser atropelado, de ouvir xingamentos.

Já conheço de cor todo o ritual daqui e não preciso aprender mais nada. Aqui não me preocupo se vou chegar atrasado no trabalho, se meu chefe vai dar bronca, já que não tenho chefe. Nada me falta, não preciso conhecer novas pessoas, pois já conheço todas e o cara com quem convivo é um cara legal, não tem hábitos constrangedores, e é inteligente e sagaz. Aqui não tenho sexo, mas posso viver de lembranças, pois já tive muitos amores e aqui não preciso me preocupar se minha namorada vai me abandonar. Essa é a vantagem de não se ter namorada porque você não pode perder o que não tem.

Aqui dentro eu não preciso mostrar pra ninguém que sou melhor, que mereço mais. Não, sou igual aos outros e cada um na sua jaula, contanto que não me ponham para morar comigo um cara que peida, mas não tem cheiro. Não preciso sair daqui, nem quero, pois aqui estou longe das pessoas que detesto e estou livre de pagar impostos, pedágios, subornos, aluguéis. Não preciso tomar táxi nem ir ao estádio ver meu time jogar. Não tenho agenda nem compromissos e não preciso ir a festas de aniversário.

Por favor, me deixem aqui para sempre. Não quero outra vida. Minha vida é aqui.

Dia 45

"Arruma tuas coisas, você vai mudar de hotel", disse o carcereiro, olhando para baixo, como sempre. Ele nunca olhava nos olhos da gente. "Arruma tuas coisas."

Mudar de hotel? Eu não quero mudar de hotel, aqui está muito bom, quem deu essa ordem? Ora, me mudar de "hotel???" Onde vou encontrar uma companhia como O.R.?, me perguntava. Mas ordem era ordem.

Me baixou uma tristeza repentina. O que ia ser de mim sem O.R. e o que ia ser de O.R. sem a comida da minha mãe e sem os jornais? E no meu novo hotel iria receber a comida dela? E os jornais? Porra, que merda, mil vezes merda! Estava bem, ali, mas não tinha com quem reclamar, eram ordens. Então arrumei minhas "coisas" e as coloquei em sacolas.

O carcereiro esperava impaciente: "anda rápido!"

Não queria ir, por isso, não andava rápido. Já tinha me acostumado com aquele lugar. Que novo "hotel" seria esse? Será que era por causa das latas? Só podia ser. Eram as latas, mas não podia fazer nada, pois ordens eram ordens.

Arrumei minhas "coisas" e deixei a jaula. O carcereiro passou a tranca e eu segui atrás dele. Atravessamos o posto de observação onde ficava o rádio que tocava mais alto quanto mais altos eram os gritos, seguimos em frente, atravessamos uma sala maior, que parecia ser aquela onde fiquei sentado horas a fio, quando cheguei encapuzado, onde deram socos na minha cabeça e puxaram os pelos do meu peito e onde fiquei em silêncio e não reagi.

Então vejo à minha frente uma porta. O carcereiro a abre e diz: "vá em frente, sempre em frente e não olhe pra trás".

A porta dava no pátio (devia ser o pátio aonde cheguei).

Começo a caminhar ainda sem entender nada, me perguntando: quem vai me levar para meu novo "hotel"? Onde está a viatura?

"Vá em frente sem olhar para trás", aquela foi a ordem.

Fui em frente tateando o terreno, sem saber o que estava acontecendo nem o que iria acontecer. Poderia levar um tiro pelas costas, pensei. Não tinha viatura. O novo "hotel" era mentira.

Eu caminhava nem tão devagar, nem tão depressa. À minha frente avistei uma guarita num pátio que não acabava mais.

Andava, andava, andava e não chegava a lugar algum, junto com as minhas "coisas" numa sacola na mão direita.

Dei mais alguns passos, só parando em frente a um portão de ferro, alto e feio. Um portão de cara amarrada. Só via um portão fechado e mais ninguém. Não havia ninguém para pedir para abrir, se é que alguém iria abrir.

Eu estava tão bem na minha jaula, tinha tudo e estaria muito bem naquela hora, mas estava ali, parado, diante de um portão silencioso.

Na minha jaula eu sabia tudo o que iria acontecer, mas ali, em frente ao portão, era tudo imprevisível, pois não sabia o que me esperava do outro lado, se é que conseguiria sair para o outro lado.

Nada acontecia. Era eu e o portão, o portão e eu. Até que, de repente, ouvi o barulho do motor. O portão se abriu lentamente. Acho que posso sair, pensei. Hesitei um pouco, mas consegui chegar à calçada. De novo o barulho do portão se fechando atrás de mim.

Estava na rua.

A noite caía lentamente.

Atravessei a rua e fiz sinal para o primeiro táxi parar.

Dia 45
(fim de tarde)

Estava me sentindo muito estranho ao entrar no táxi. A amplidão do horizonte me intimida, pois sou de espaços pequenos, fechados.

"Para onde?", o cara perguntou.

"Rua Campevas".

O motorista puxou conversa perguntando o que achei do jogo da noite anterior.

"Muito bom. Gostei". Eu nem sabia quem tinha jogado. Fingi que era daqui de fora, que estava por dentro de tudo, mas até a voz dele vinha de longe, de um suposto túnel do tempo.

"Você achou que foi pênalti?"

"Não, não foi nada."

"Também achei. Juiz ladrão."

Ufa, estava num táxi, mas ainda não totalmente seguro, afinal, podia ser uma encenação. O táxi me leva, mas depois traz de volta, pensei. Ninguém disse que eu estava solto, ninguém disse: "está livre, pode ir embora". Todas as ordens foram ambíguas: "arruma tuas coisas", "vá em frente", "não olhe pra trás", "vai para um novo hotel".

Queria dar a impressão ao chofer de que era um passageiro comum que voltava do trabalho para casa, mas estava tenso.

Olhei pela janela pra ver se o chofer estava fazendo o caminho certo para a minha casa. Estávamos subindo a Brigadeiro Luiz Antônio, e era por ali mesmo.

"Mas aquele segundo gol foi um frango", continua o taxista. "Ou então o goleiro entregou o jogo".

"Eu também achei que foi frango, pois já fui goleiro, de futebol de salão, claro, porque não tenho altura para futebol de campo. Mas aquilo foi frango, sim". Então ele brecou o veículo.

"Pronto, chegamos".

Dia 45
(noite)

Não era a mesma fachada, pois, em cima da mureta atrás da qual ficaram escondidos meus sequestradores, agora havia um portão em forma de grades, de alumínio, que fechava a entrada de alto a baixo.

Toquei a campainha já me preparando para a explosão de alegria da minha mãe quando me visse. Quando ela abriu rapidamente o portão, eu disse simplesmente: "mamãe, tem um trocado para o táxi?". Me abraçou e chamou meu pai: "Boris, Boris, o Sacha chegou".

Meu pai logo apareceu. Nunca tinha visto os dois tão felizes. Estavam no meio do *shabat*, com a luz da sala acesa e uma toalha branca, a mais imaculada, a mais bordada, só para o *shabat*.

"*Baruch, atá adonai eloichnu melech a olam*", foi a oração de meu pai.

"*Amotzi lechem min haaretz.*" Minha mãe tinha feito a oração das velas, e, de repente aparecia eu, com a sacola na mão com as "minhas coisas", entrando num mundo novo.

Já tinha me acostumado com tudo sujo e nojento e entrava agora num mundo limpo, onde as cortinas estavam passadas, onde não havia uma migalha no chão e com os talheres brilhando. Tudo limpo, claro. Tudo arrumado.

Estava de novo no meu mundo, mas alguma coisa não me deixava ficar feliz. Não podia dizer que estava tão feliz quanto meus pais, pois, na verdade, estava pensando naqueles que eu deixei lá. Que injustiça, eu aqui numa casa confortável, abraçado por meus pais, e eles lá, abandonados. Por que eu estou aqui e eles lá?

Não conseguia ficar tão alegre quanto meus pais e eles perceberam e deveriam estar achando que era alguma coisa com eles.

Eu deveria agradecer de joelhos tudo o que eles fizeram por mim esse tempo todo, eu deveria agradecer porque eles me procuraram o tempo todo, me acharam, e me alimentaram todos os dias, correndo todos os riscos, pois, quantos não foram presos por muito menos.

Eu deveria estar sorridente na mesa do *shabat*, mas olhava aquelas velas do candelabro derreterem, me achando um traidor. Eu estou aqui e eles lá, pensava. E ao mesmo tempo também me culpava por não estar tão feliz quanto meus pais.

Minha mãe correu ao telefone para contar a boa nova ao irmão, pois era um *shabat* inesquecível.

Sentei-me à mesa com eles e comi um pedaço de *halá*. A mesa estava repleta de pratos irresistíveis, mas eu não estava com fome. Deveria estar, mas não estava.

Eu já comi, disse à minha mãe enquanto ela me oferecia *guefilte fish*, *vareneke*, frango assado, enfim, comida para um batalhão. Mas para um batalhão de elite. Minha mãe jamais fez algo que não fosse imensamente gostoso, e se fez jogou fora, jamais ofereceu.

Eu queria ser mais carinhoso com meus pais naquela hora, mas algo me proibia. Pensava nos que ficaram e no que eu podia fazer por eles, eu que estou livre, que fui testemunha das torturas. Tinha que fazer alguma coisa.

Aceitei a sobremesa, um *pirog*.

Meus pais queriam que eu contasse tudo o que aconteceu. Contei alguma coisa, mas sem vontade porque voltava a pensar nos que ficaram. Mas o que eu podia fazer? Contar aos jornais que estavam sob censura, fazer um comício na Praça da Sé, gritar no megafone "estão torturando gente"?

As velas já estavam pela metade, quando minha mãe começou a tirar os pratos e os talheres e a levá-los para a pia para meu pai lavar, já que era o dia dele. Eu deveria estar soltando foguetes, mas não conseguia. Finalmente, subí até o meu quarto e constatei que as latas de filmes ainda estavam lá. Abri uma delas, e estava tudo lá, e em seguida anotei febrilmente os 45 poemas que estavam na minha cabeça, que eu repetia mentalmente para mim mesmo, e depois para O.R., em voz alta, todos os dias para não esquecer.

Uma vez fiz um recital num dia em que a nossa jaula ficou lotada. Agora, sentado à minha mesa começava a escrever um por um.

Que felicidade ter papel e caneta, que felicidade ter memória! Não parei enquanto não terminasse o último.

Depois enrolei o meu primeiro baseado em 45 dias.

Almoço com meus pais em casa. Dias tranquilos antes do pesadelo